하루 10분 입이 열리는 기적의 독학 중국어

초판 1쇄 펴냄 2014년 5월 23일
　　 8쇄 펴냄 2018년 9월 3일

지은이 신서희
펴낸이 고영은 박미숙

펴낸곳 뜨인돌출판(주) | 출판등록 1994.10.11.(제406-251002011000185호)
주소 10881 경기도 파주시 회동길 337-9
홈페이지 www.ddstone.com | 블로그 blog.naver.com/ddstone1994
페이스북 www.facebook.com/ddstone1994
대표전화 02-337-5252 | 팩스 031-947-5868

ISBN 978-89-5807-520-2 13720
CIP2014015098

DSL은 뜨인돌출판(주)의 어학 전문 브랜드입니다.

기적의 독학중국어

하루 10분 입이 열리는

신서희 지음 | 위팅팅 감수

DSL

머리말

"중국어를 한번 배워 보고 싶긴 한데, 너무 어려울 것 같아서 엄두가 안 나요."
최근 들어 전 세계적으로 중국어의 중요성이 부각되면서 그야말로 중국어 열풍이 불고 있다고 해도 과언이 아닐 것입니다. 하지만 여전히 많은 사람들이 중국어를 배우기 힘든 외국어라고 인식하고 있는 것도 사실입니다. 시중에 나와 있는 기초중국어 교재들도 '기초'라고 하기엔 다소 어려운 편인 데다 공부해야 할 분량도 많아서 선뜻 엄두를 내기가 어렵지요.
저 역시 고등학교에서 중국어를 가르치다 보면 초급 단계부터 지레 겁을 먹고 중국어를 포기해 버리는 학생들을 간혹 만나게 됩니다.

사실 저는 고등학교 때 제2외국어로 중국어가 아닌 프랑스어를 배웠습니다. 그러다가 중문과에 합격을 하고는 입학 직전, 1월에 중국어학원에서 난생 처음 중국어를 배웠지요. 당시 수강생이 저를 포함해서 딱 세 명밖에 없었는데, 처음 "뽀어, 포어, 모어…" 발음을 배웠던 순간이 지금도 생생하게 기억납니다. '세상에 이렇게 쉽고 재미있는 공부가 있나?' 싶을 만큼 짜릿한 재미가 느껴져 그야말로 감격스러울 정도였거든요. 그때부터 대학 4년 내내 중국어에 빠져 살았고, 그 이후 베이징에서 공부하며 보낸 2년과 홍콩에서 직장 다니면서 보낸 2년, 그리고 한국에 돌아와 임용고시에 합격한 뒤 중국어 교사로 10년 넘게 근무하고 있는 지금까지 참 오랜 기간 동안 중국어와 전 아주 특별한 친구로 지내고 있는 것 같아요.

지금도 여전히 중국어만큼 매력적이고 강렬한 중독성을 지닌 외국어는 없다고 확신하는 저로서는 중국어를 어렵다고만 생각하는 분들께 뭔가 도움을 드리고 싶었습니다. 그 어떤 책보다도 더 쉽고 부담 없이 중국어를 시작해 볼 수 있는 책을 쓰고 싶었지요.

사실 냉정히 말해서 중국어는 적어도 기초 단계에서만큼은 독학이 거의 불가능한 게 사실입니다. 오히려 중급 이후부터는 독학을 해도 되지만 처음 배울 때는 누군가의 도움이 꼭 필요합니다. 바로 '발음' 때문이죠. 중국어는 '발음'이 가장 중요하면서 동시에 가장 어려운 부분이고, 반면 '문법'은 아주 간단해서 기초 문법 정도만 익히면 충분하거든요. 한마디로 처음엔 어렵지만 갈수록 쉬워지는 언어가 바로 중국어랍니다.

하지만 이런저런 이유로 혼자 중국어 공부를 시작하게 된 분들을 위해서 그 누구보다 꼼꼼하게 이 책을 썼습니다. 비록 작은 책 한 권이지만, 하루에 다섯 문장씩 오디오 파일을 반복해 들으면서 꾸준히 공부한다면 조만간 중국어의 벗어날 수 없는 매력에 푹 빠지게 되실 거예요. 그럼 독하게 마음먹고 저와 함께 시작해 볼까요?

지은이 신서희

중국어

할까

말까

아직도 망설이나요

난 한자도 잘 모르는데 내가 할 수 있을까
중국어는 성조가 네 개나 된다던데
발음이 어렵지 않을까

그런데 왜 중국어 책을 보고 있나요?

친한 친구가 배운다고 하니까
앞으로는 중국어가 대세라고 하니까
중국에 가서 중국어 한마디 해 보려고
영어만으로는 조금 불안해서
스펙으로 HSK 점수 따 놓으면 좋을 것 같아서

당신만의 이유를 적어 보세요

영어 못해도 한자를 몰라도
성조가 어려울 것 같아도…

중국어를 배워야 하는 이유가 확실하다면
도전해 보세요!

하루 10분, 두 달이면
당신이 하고 싶은 말을
중국어로 할 수 있습니다

1 하루에 딱 다섯 문장 외우기

물론 더 많은 문장을 외울 수 있으면 더 좋겠지만, 매일매일 본문의 다섯 문장만큼은 꼭 외우는 게 좋습니다. 혹시 이해가 되지 않는 부분이 있더라도 일단 그냥 통째로 암기하면 나중에 저절로 이해가 되실 거예요.

2 들으면서 공부하기

반드시 오디오 파일을 들으면서 공부하고, 또 본인의 발음을 녹음해서 오디오 파일과 계속 비교해 보기를 강력!! 권합니다. 중국어는 발음이 80%쯤 차지한다고 해도 과언이 아닐 만큼 그 무엇보다 발음이 가장 중요하거든요. 적어도 이 원칙만큼은 꼭 지켜 주셔야 합니다. 꼭이요!

3 4개 단원이 끝나면 복습 한 번

4개의 단원이 끝날 때마다 〈실전 生生 연습〉 코너가 나옵니다. 이는 앞의 4개 단원에 나온 문장을 대화 형태로 복습하는 시간이랍니다. 인간의 기억력에는 한계가 있는 법이니 그 한계를 넘어서기 위해서는 꾸준한 복습만이 정답이겠죠?

이 책의 **순서**

두근두근 중국어 발음   성모·운모 14   성조 16   흥미진진 차이나 중국어에 대한 기초 상식 18

기적의 독학 중국어   인사말 미리 보기 20

01 听 tīng 듣다 24
02 看 kàn 보다 27
03 去 qù 가다 30
04 来 lái 오다 33
    실전 生生 연습 36
    흥미진진 차이나 중국어는 정말로 어려울까? 38

05 是 shì ~은 ~이다 40
06 不是 búshì ~이 아니다 43
07 有 yǒu 있다, 가지고 있다 46
08 没有 méiyǒu 없다, 가지고 있지 않다 49
    실전 生生 연습 52
    흥미진진 차이나
    붉은색의 강렬함, 중국에 대한 기초 상식 54

09 喝 hē 마시다 56
10 吃 chī 먹다 59
11 好 hǎo 좋다 62
12 不好 bùhǎo 좋지 않다 65
    실전 生生 연습 68
    흥미진진 차이나 중국 사람은 모두 한족일까? 70

13 写 xiě 쓰다 72
14 说 shuō 말하다 75
15 为什么 wèishénme 왜   谁 shéi 누구 78
16 几 jǐ 몇 81
    실전 生生 연습 84
    흥미진진 차이나 현대 중국을 빛낸 인물들 86

17 买 mǎi 사다, 구입하다 88
18 卖 mài 팔다 91
19 见 jiàn 만나다 94
20 穿 chuān 입다, 신다 97
    실전 生生 연습 100
    흥미진진 차이나
    중국 사람들이 사랑하는 숫자, 싫어하는 숫자 102

21 学 xué 배우다, 공부하다 104
22 教 jiāo 가르치다 107
23 叫 jiào 부르다, 불리다 110
24 借 jiè 빌리다, 빌려 주다 113
    실전 生生 연습 116
    흥미진진 차이나 중국에서 대학 가기 118

- 25 哪儿 nǎr 어느 곳 / 哪 nǎ 어느 120
- 26 多少 duōshao 얼마, 몇 123
- 27 坐 zuò 앉다, 타다 126
- 28 等 děng 기다리다 129
  - 실전 生生 연습 132
  - 흥미진진 차이나
  - 시아오황띠와 빠링허우가 뭘까요? 134

- 29 睡 shuì 잠자다 136
- 30 打 dǎ 하다(운동, 전화, 세일 등) 139
- 31 做 zuò 하다(일, 작업, 요리 등), 만들다 142
- 32 走 zǒu 가다, 걷다, 떠나다 145
  - 실전 生生 연습 148
  - 흥미진진 차이나
  - 앗, 글자가 거꾸로 붙어 있어요. 150

- 33 回 huí 돌아가다, 대답하다 152
- 34 问 wèn 묻다, 물어보다 155
- 35 给 gěi 주다, ~에게 158
- 36 比 bǐ ~보다 161
  - 실전 生生 연습 164
  - 흥미진진 차이나
  - 중국 사람들이 사랑하는 것들 166

- 37 在 zài ~에 있다, ~에서, ~하는 중이다 168
- 38 带 dài 휴대하다, 인도하다, 지니다 171
- 39 要 yào 필요하다, 원하다 174
- 40 要 yào ~하려고 하다 177
  - 실전 生生 연습 180
  - 흥미진진 차이나
  - 중국에서도 설날에 떡국을 먹을까? 182

- 41 想 xiǎng 생각하다, 그리워하다 184
- 42 想 xiǎng ~하고 싶다 187
- 43 会 huì ~할 줄 안다, ~일 것이다 190
- 44 能 néng ~할 수 있다 193
  - 실전 生生 연습 196
  - 흥미진진 차이나
  - 중국의 전통예술, 경극과 변검 198

- 45 可以 kěyǐ ~해도 된다, ~할 수 있다 200
- 46 打算 dǎsuan ~할 작정이다, ~할 계획이다 203
- 47 需要 xūyào 필요하다, 요구되다 206
- 48 应该 yīnggāi ~해야 한다, ~하는 것이 마땅하다 209
  - 실전 生生 연습 212
  - 흥미진진 차이나
  - 마음까지 행복해지는 중국의 음식 214

49 过 guò 건너다, 지내다, ~했던 적이 있다 216

50 着 zhe ~하는 중이다, ~한 채로 219

51 知道 zhīdào 알다 222

52 喜欢 xǐhuan 좋아하다 225

실전 生生 연습 228

흥미진진 차이나
중국 기차에 대한 모든 것 230

53 决定 juédìng 결정하다, 결정 232

54 简单 jiǎndān 간단하다, 단순하다 235

55 告诉 gàosu 알려 주다 238

56 觉得 juéde ~라고 생각하다 241

실전 生生 연습 244

흥미진진 차이나
중국은 남녀가 평등할까요? 246

57 相信 xiāngxìn 믿다, 신뢰하다 248

58 舒服 shūfu 편안하다, 안락하다 251

59 大 dà 크다 小 xiǎo 작다 254

60 多 duō 많다 少 shǎo 적다 257

실전 生生 연습 260

흥미진진 차이나
알고 보면 더 재미있는 중국의 외래어 262

고수의 표현

好吃 hǎochī _ 好의 다양한 표현 264

几月几号? jǐ yuè jǐ hào? _ 날짜 물어보기 266

几点? jǐ diǎn? _ 시간 물어보기 268

我家有四口人。
Wǒ jiā yǒu sì kǒu rén. _ 가족 소개하기 270

我坐巴士。
Wǒ zuò bāshì. _ 교통수단을 나타내는 말 272

我打篮球。
Wǒ dǎ lánqiú. _ 구기 운동을 나타내는 말 274

你是哪国人?
Nǐ shì nǎ guó rén? _ 나라 이름 276

一共多少钱?
Yígòng duōshao qián? _ 쇼핑할 때 쓰는 말 278

두근두근 중국어 발음

중국어의 자음과 모음
성모 · 운모

중국어는 성모와 운모, 그리고 성조로 구성되어 있습니다. 먼저 성모는 우리나라의 자음에 해당되며 총 21개가 있습니다. 운모는 우리나라의 모음에 해당되며 총 36개가 있는데, 그중 6개가 기본 운모랍니다.

1. 성모 001.mp3

b 뽀어 p 포어 m 모어	윗입술과 아랫입술을 붙였다가 떼면서 발음합니다.
f 포(f)어	윗니를 아랫입술에 가까이 대고 발음합니다. 영어의 f 발음과 거의 비슷합니다.
d 뜨어 t 트어 n 느어 l 르어	혀끝을 윗니의 뒤쪽 입천장에 댔다가 떼면서 발음합니다.
g 끄어 k 크어 h 흐어	혀의 뒤쪽 즉, 목젖 쪽을 입천장에 가까이 대고 발음합니다.
j 지 q 치 x 시	혀의 앞부분을 입천장 앞쪽에 붙였다가 떼거나 가까이 대고 발음합니다. 우리나라의 지, 치, 시 발음과 거의 동일합니다.
zh 즈 ch 츠 sh 스 r 르	혀끝을 살짝 말아, 혀의 앞부분을 윗니의 잇몸보다 더 뒤쪽으로 들어 올려서 발음합니다. 우리말에는 없는 발음이므로 오디오를 들으면서 많이 연습합시다.
z 쯔 c 츠 s 쓰	혀끝을 아랫니의 뒤쪽에 붙인 채 앞으로 밀면서 발음합니다. 아주 얇게 나는 소리입니다.

2. 기본 운모 002.mp3

- **a** 아   우리말의 '아'보다 입을 조금 더 크게 벌리고 발음합니다.
- **e** 으어   우리말의 '어'와 비슷하지만 앞에 '으'가 먼저 들어가서 '으어'라고 발음합니다.
- **o** 오어   우리말의 '오'와 비슷하지만 뒤에 '어'가 들어가서 '오어'라고 발음합니다.
- **i** 이   우리말의 '이'보다 입을 조금 더 옆으로 길게 벌리고 발음합니다.
- **u** 우   우리말의 '우'와 비슷하지만, 입을 좀 더 작고 둥그랗게 하여 발음합니다.
- **ü** 위   입 모양을 우리말의 '우'로 만들어 입을 고정시킨 채 '위'라고 발음합니다. 처음부터 끝까지 입 모양이 변하지 않도록 주의하세요.

※ i, u, ü가 성모 없이 단독으로 쓰일 경우에는 각각 yi, wu, yu로 표기합니다.

3. 복운모 및 결합 운모 003.mp3

	ai 아이　**ei** 에이 **ao** 아오　**ou** 어우	두 개의 운모가 연이어 있으므로 각 기본 운모 그대로 발음하면 됩니다. 단, ou는 '오우'가 아니라 '어우'로 발음해야 함에 주의하세요.
	an 안　**en** 언　**ang** 앙 **eng** 엉　**ong** 옹	비음이 있는 발음입니다. 엄밀히 말해서 en은 '언'과 '은'의 중간, eng은 '엉'과 '옹'의 중간쯤 되는 발음입니다. 또한 ong은 '옹'과 '웅'의 중간쯤에 해당하는데, 앞의 자음에 따라 어떤 경우에는 '옹'에 가깝게, 또 어떤 경우에는 '웅'에 가깝게 발음합니다.
	er 얼	혀끝을 말아서 입천장에 가까이 하면서 발음합니다.
i와 결합	**ia**(ya) 이야　**ie**(ye) 이에 **iao**(yao) 이야오　**iu**(you) 이여우 **ian**(yan) 이엔　**in**(yin) 인 **iang**(yang) 이양　**ing**(ying) 잉 **iong**(yong) 이용	i와 결합한 발음입니다. iu는 성조에 따라서 '이여우' 혹은 '이우'라고도 발음합니다. ian은 '이엔'과 '이안'의 중간쯤 되는 발음입니다. iong은 언뜻 들으면 그냥 '용'으로 들릴 수도 있지만 앞에 미세하게 '이' 발음이 들어가서 '이용'으로 발음하는 것이 정확합니다.
u와 결합	**ua**(wa) 우와　**uo**(wo) 우워 **uai**(wai) 우와이　**ui**(wei) 우웨이 **uan**(wan) 우완　**un**(wen) 우원 **uang**(wang) 우왕 **ueng**(weng) 우웡	u와 결합한 발음입니다. ui는 '우이'가 아니라 '우웨이'라고 발음해야 합니다. un은 성모 없이 단독으로 쓸 때는 '우원'으로 발음하지만, 성모와 결합하면 그냥 '운'으로 발음해도 괜찮습니다.
ü와 결합	**üe**(yue) 위에 **üan**(yuan) 위엔 **ün**(yun) 윈	ün은 입 모양을 우리말의 '우'로 만들어 입을 고정시킨 채 '윈'이라고 발음합니다. 처음부터 끝까지 입 모양이 변하지 않도록 주의하세요.

※ 괄호 안은 성모 없이 단독으로 쓸 때의 표기 방법입니다.

중국어의 꽃
성조

성조는 소리의 높낮이를 가리키는 말입니다. 중국어에는 4개의 성조가 있는데 성조가 달라지면 뜻도 달라진답니다. 중국어가 어렵게 느껴지는 가장 큰 이유 중 하나가 바로 이 성조 때문이지요. 하지만 조금만 신경 써서 연습하면 누구나 정확한 중국어 발음을 구사할 수 있을 거예요. 우리말에서는 거의 쓰지 않는 꽤 높은 톤과 낮은 톤이 있어서 열심히 연습하다 보면 목이 아플 수도 있습니다. 만약 목이 아프다면 정확히 잘 연습하고 있다는 증거이므로 더욱 힘을 내서 반복 연습해 봅시다.

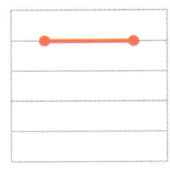

1성 '솔' 정도 되는 음으로 길게 쭈욱 뻗는 소리입니다. 음이 떨어지거나 짧게 끊어지지 않고, 처음부터 끝까지 같은 음 높이를 유지하여 다소 길게 발음하는 것이 가장 중요합니다.

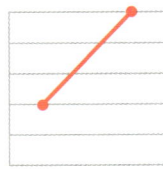

2성 중간 음에서 높은 음으로 쭉 올라가는 소리입니다. 포물선을 그리지 않고 직선으로 올라가되 맨 마지막에 1성보다 조금 높은 톤에서 끝나야 함을 잊지 마세요.

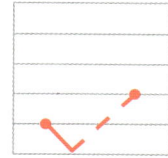 **3성** 낮은 음에서 더 낮은 음으로 쑥 내려갔다가 다시 살짝 올라오는 소리입니다. 시작점이 2성보다 낮아야 하며 끝나는 음도 낮아야 함에 주의하세요. 단독으로 쓰이는 때를 제외한 대부분의 경우에 올라가는 음은 소리 내지 않고 아래로 떨어지는 음만 발음합니다. 이를 반 3성이라고 하지요.

※ 다른 성조와는 달리 3성과 3성이 만나면 앞 성조가 2성으로 바뀌게 됩니다. 이를 잘 기억해 둡시다. 단, 한어병음은 그대로 3성으로 표기합니다.

 **4성** 높은 음에서 낮은 음으로 뚝 떨어지는 소리입니다. 위로 약간 올라갔다가 내려오는 포물선 형태를 그리면 조금 부드럽게 들릴 수 있습니다. 단, 충분히 아래로 떨어지지 않으면 자칫 1성과 비슷하게 들릴 수 있으므로 이를 특히 신경 써야 합니다.

※ 4성 외에도 짧고 가볍게 읽는 소리인 '경성'이 있습니다. 경성은 P.31에서 따로 배워 보도록 합시다.

흥미진진
차!
이!
나!

"중국어에 대한 기초 상식"

① **중국어는 중국어로 뭐라고 하나요?**

중국어는 중국어로 '한위 汉语 Hànyǔ'라고 합니다.

② **중국어는 사투리가 많다던데, 하나만 배워도 다 통하나요?**

네. 중국어의 표준어는 '푸통화 普通话 Pǔtōnghuà'라고 하며 이 푸통화는 중국 전역에서 모두 통용됩니다. 물론 샹하이 사람들끼리는 샹하이 방언을, 광쩌우 사람들끼리는 광쩌우 방언을 쓰지만 거의 모든 중국인들은 표준어, 즉 푸통화를 구사할 수 있으므로 푸통화 하나만 배우면 의사소통에는 아무런 문제가 없답니다.

③ **중국에서도 우리나라와 똑같은 한자를 씁니까?**

중국에서 쓰는 한자는 우리나라에서 쓰는 것과 약간 다릅니다. 우리나라에서 쓰는 한자는 번체자, 즉 '판티쯔 繁体字 fántǐzì'라고 하고요, 중국에서 쓰는 한자는 간체자, 즉 '지엔티쯔 简体字 jiǎntǐzì'라고 합니다.

　　(예)　번체자 : 龍　　　간체자 : 龙

④ **중국어에도 발음기호가 있습니까?**

한자는 원래 뜻글자라서 글자만 봐서는 그 발음을 알 수가 없습니다. 그래서 영어의 알파벳을 빌려서 발음기호를 만들었지요. 이 발음기호를 한어병음, 즉 '한위핀인 汉语拼音 Hànyǔ Pīnyīn'이라고 합니다.

기적의 독학 중국어

인사말
미리 보기

004.mp3

① 안녕하세요!   **Nǐ hǎo**
　　　　　　　　你好!
　　　　　　　　니　하오

② 선생님, 안녕하세요!   **Lǎoshī hǎo**
　　　　　　　　老师好!
　　　　　　　　라오스　하오

③ 고맙습니다.   **Xièxie**
　　　　　　　谢谢。
　　　　　　　씨에시에

④ 천만에요.   **Búkèqi**
　　　　　　不客气。
　　　　　　부커치

⑤ 미안합니다.   **Duìbuqǐ**
　　　　　　　对不起。
　　　　　　　뚜웨이부치

⑥ 미안합니다.
(뚜웨이부치 对不起보다 정도가 약함)

Bùhǎoyìsi
不好意思。
뿌하오이쓰

⑦ 괜찮아요.
('미안합니다'에 대한 대답)

Méiguānxi
没关系。
메이꽌시

⑧ 수고하셨습니다.

Xīnkǔ le
辛苦了。
신쿠   러

⑨ 잘 가요!

Zàijiàn
再见!
짜이지엔

⑩ 내일 만나요!

Míngtiān jiàn
明天见!
밍티엔 지엔

일러두기

* 1과부터 20과까지 표기된 한글 발음은 실제 발음되는 소리를 최대한 살려서 표기했습니다. 따라서 같은 글자라고 해도 앞뒤 글자에 따라 표기가 다를 수 있습니다.
ex. 来 lái 라이 → 来了 lái le 라일 러

* 각 과의 핵심단어와 이에 대한 한글 해석은 하이라이트로 표기했습니다. 단, 중국어와 우리말의 특성상 하이라이트 영역의 해석이 100% 일치하지 않는 경우도 있습니다.

* 한어병음의 띄어쓰기는 현대한어사전, 네이버, 다음 중국어 사전 등 중국과 한국의 여러 중국어 사전을 종합적으로 검토했습니다. 사전별로 한어병음의 띄어쓰기 기준이 다른 단어의 경우에는 가장 보편적이고 실제와 가까운 띄어쓰기 방법을 선택하였습니다.

听看去来

01 tīng • 듣다

① 나는 듣는다.

② 나는 들었다.

③ 나는 듣지 않는다.

④ 나는 듣지 못했다.

⑤ 너는 듣니?

듣다 听 tīng
~하지않다 不 bù
너, 당신 你 nǐ

나 我 wǒ
~하지않았다 没 méi
~하니?~합니까? 吗 ma

听

큰 소리로 따라 말해 보기
007.mp3

① Wǒ tīng
我**听**。
워 팅

② Wǒ tīng le
我**听**了。
워 팅 러

③ Wǒ bù tīng
我不**听**。
워 뿌 팅

④ Wǒ méi tīng
我没**听**。
워 메이 팅

⑤ Nǐ tīng ma
你**听**吗?
니 팅 마

원어민 발음 따라잡기
008.mp3

● **3성은 잊어라!!** 중국어에는 4개의 성조가 있지만, 실생활에서는 3성을 발음할 일이 거의 없습니다. 3성 뒤에 3성이 올 때는 2성으로, 3성이 아닌 다른 성조가 올 때는 반3성으로 발음하기 때문이지요. 반3성이란 말 그대로 낮은 음에서 더 낮은 음으로 떨어지기만 하고 다시 올라가지 않는 반쪽짜리 3성 발음을 의미합니다. 발음에 대한 감이 잘 안 온다면 반3성을 발음할 때마다 테이블을 손바닥으로 탁 치면서 말해 보세요. 아마 훨씬 더 도움이 되실 거예요. 언뜻 생각하면 미세한 차이인 것 같지만 현지인처럼 발음을 구사하는 데 아주 필수적인 요소이니 부디 꼭 기억하고 다양한 예문으로 많이 연습하시길!!

lǎoshī / diǎnxīn / wǎnglái / kěnéng / zǎofàn / mǎimài / xǐhuan / zěnmeyàng

01 听

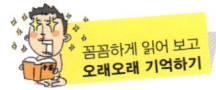

了 ● 이미 완료되었거나 변화된 상황을 나타낼 때는 동사 뒤에 '了 le'를 붙입니다.

听 tīng 듣다 → 听了 tīng le 들었다

不와 没 ● 동사를 부정할 때는 동사 앞에 '不 bù'를 붙이지만, 이미 완료된 동사를 부정할 때는 不 대신 '没 méi'를 씁니다. 단, 没를 쓸 때는 了를 쓰지 않는다는 사실을 기억하세요!!

不听 bù tīng 듣지 않는다 → 没听 méi tīng 듣지 못했다

의문문 만들기(1) ● 질문을 할 때는 문장 끝에 吗를 붙이거나 '동사+不+동사'의 형태로 쓰면 됩니다.

你听吗? Nǐ tīng ma?
너 듣니?
你听不听? Nǐ tīng bu tīng?
듣니, 안 듣니?

의문문에 대답하기 ● '你听吗? Nǐ tīng ma?'에 대한 대답은 어떻게 할까요?

听。Tīng. 들어.
不听。Bù tīng. 안 들어.

看

02 kàn • 보다

① 나는 **본다**.

② 나는 **봤다**.

③ 나는 **보지** 않는다.

④ 나는 **보지** 못했다.

⑤ 너는 **봤니**?

보다 看 kàn

看

① Wǒ kàn
我看。
워 칸

② Wǒ kàn le
我看了。
워 칸 러

③ Wǒ bú kàn
我不看。
워 부 칸

④ Wǒ méi kàn
我没看。
워 메이 칸

⑤ Nǐ kàn le ma
你看了吗?
니 칸 러 마

● **不의 성조가 이상해요.** 위의 3번 문장을 보면 不看의 한어병음이 'bù kàn'이 아니라 'bú kàn'으로 되어 있지요? 이는 바로 不의 성조 특징 때문입니다. 不는 원래 4성이지만, 바로 뒤에 4성이 나오면 성조가 2성으로 바뀐답니다. 즉, 1과에서는 不 뒤에 나오는 '听 tīng'이 1성이라서 不를 4성으로 읽었지만 여기에서는 '看 kàn'이 4성이기 때문에 자연스럽게 不가 2성으로 바뀌게 된 것이지요. 물론 읽을 때도 2성으로 읽고 표기도 2성으로 바꿔 주면 모든 것이 퍼펙트!!

02 看

인칭대명사

我 wǒ	나	我们 wǒmen	우리들
你 nǐ	너	你们 nǐmen	너희들
您 nín	당신, 你의 높임말. 단 우리나라만큼 엄격하게 적용하진 않아요.		
他 tā	그	他们 tāmen	그들
她 tā	그녀	她们 tāmen	그녀들
它 tā	그것(사물, 동물)		

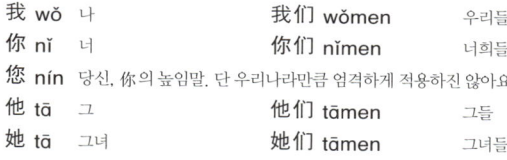
꼼꼼하게 읽어 보고 **오래오래 기억하기**

의문문 만들기(2) ● 이미 완료된 상황을 질문할 때는 동사 뒤에 '了 le'를 넣은 후 문장 끝에 '吗 ma'를 붙입니다.

看吗? Kàn ma? 보니?

看了吗? Kàn le ma? 봤니?

의문문에 대답하기 ● '你看了吗? Nǐ kàn le ma?'에 대한 대답은 어떻게 할까요?

看了。Kàn le. 봤어.

没看。Méi kàn. 못 봤어.

没를 써서 부정적인 대답을 할 때는 了를 함께 쓰지 않는다는 사실을 기억하세요.

去

03 qù • 가다

① 그는 어디 **가니**?

② 그는 학교에 **가**.

③ 그는 학교에 안 **가**.

④ 그는 식당에 **가니**?

⑤ 우리 같이 **가자**.

가다 　去 qù　　　　　어디, 어느곳　哪儿 nǎr
학교　学校 xuéxiào　　식당, 음식점　餐厅 cāntīng
함께, 같이　一起 yìqǐ　　~하자, 하렴　吧 ba (제의, 청유 등을 나타내는 어기조사)

03 去

① Tā qù nǎr
他**去**哪儿?
타 취 나알

② Tā qù xuéxiào
他**去**学校。
타 취 쉬에시아오

③ Tā bú qù xuéxiào
他不**去**学校。
타 부 취 쉬에시아오

④ Tā qù cāntīng ma
他**去**餐厅吗?
타 취 찬팅 마

⑤ Wǒmen yìqǐ qù ba
我们一起**去**吧。
워먼 이치 취 바

큰 소리로 따라
말해 보기
014.mp3

015.mp3
원어민 발음
따라잡기

● **가벼운 성조, 경성** 중국어에는 4개의 성조 외에 하나의 성조가 더 있습니다. 바로 '가벼운 성조'라는 뜻을 지닌 '경성(轻声)'이지요. 경성은 말 그대로 짧고 가볍게 내는 소리를 의미하며 성조 부호는 따로 표기하지 않습니다. 경성의 음 높이는 앞 음절의 성조에 따라 달라지니, 정확한 성조를 구사할 때까지 많이 연습하세요.

māma / mèimei / bàba / kàn ma / kàn le ma / tīng bu tīng

31

03 去

去 ● '가다'라는 뜻을 지닌 동사입니다. 去 뒤에 장소가 나오면 '~로 가다'라는 뜻이 된답니다.

去学校 qù xuéxiào 학교에 가다
去餐厅 qù cāntīng 식당에 가다
去餐厅了 qù cāntīng le 식당에 갔다

의문문 만들기(3) ● '哪儿 nǎr'은 '어디'라는 뜻의 의문사로 장소를 물어볼 때 쓰는 말입니다. 영어처럼 문장의 어순이 바뀌는 게 아니라 그냥 장소가 들어가는 위치에 그대로 의문사만 넣으면 끝!
대답할 때도 어순이 바뀌지 않고 哪儿 자리에 장소만 넣어서 대답하면 된답니다. 너무 쉽죠?

A : 你去哪儿? Nǐ qù nǎr? 너 어디 가니?
B : 我去学校。 Wǒ qù xuéxiào. 나는 학교에 가.

吧 ● 명령문이나 청유형 문장 맨 끝에 쓰는 어기조사로 '~하자' 같은 청유형이나 '~하렴, ~하세요' 같은 부드러운 명령형의 의미를 갖지요. 이외에 추측이나 기대를 나타낼 때도 쓸 수 있습니다.

[~하자] 我们一起去吧。 Wǒmen yìqǐ qù ba.
　　　　우리 같이 가자.
[~하자] 我们一起听吧。 Wǒmen yìqǐ tīng ba.
　　　　우리 같이 듣자.
[~하렴] 你看吧。 Nǐ kàn ba.
　　　　봐 보렴.

04 lái · 오다

① 그녀가 **왔다**.

② 그녀는 학교에 **온다**.

③ 그녀는 학교에 **오지** 않았다.

④ 그가 식당에 **왔니**?

⑤ 너희들 같이 **와라**.

오다 来 lái

04 来

① Tā lái le
她**来**了。
타 라이 러

② Tā lái xuéxiào
她**来**学校。
타 라이 쉬에시아오

③ Tā méi lái xuéxiào
她没**来**学校。
타 메이 라이 쉬에시아오

④ Tā lái cāntīng le ma
他**来**餐厅了吗？
타 라이 찬팅 러 마

⑤ Nǐmen yìqǐ lái ba
你们一起**来**吧。
니먼 이치 라이 바

● 성조는 어디에 표기하나요? 한어병음에서 성조는 운모 a, e, o, i, u, ü 위에만 표시합니다. 이때, i는 위의 점을 빼고 대신 그 자리에 성조를 표기합니다. 그 표기 순서는 다음과 같습니다.

a > e, o > i, u, ü

일반적으로 입이 크게 벌어지는 모음 순서대로 성조를 표시한다고 생각하면 쉽습니다. 단, i와 u가 함께 나오면 뒤의 글자 위에 성조를 표시합니다. uì iù

04 来

来 ● '오다'라는 뜻을 가진 동사로, 3과에 나온 去와 반대의 의미를 갖고 있습니다. 来 뒤에 장소가 나와서 '~에 오다'라는 뜻이 된답니다.

来学校 lái xuéxiào 학교에 오다
来餐厅 lái cāntīng 식당에 오다
来餐厅了 lái cāntīng le 식당에 왔다

부정과 완료 표현 ● 동사의 의미를 부정하고 싶을 때는 '不 bù'를 동사 앞에 써 주고, 동사의 동작이 완료되었을 때는 동사 뒤에 '了 le'를 써 줍니다. 이를 한 번 더 연습해 볼까요?

来 lái 오다 ↔ 不来 bù lái 오지 않는다
来 lái 오다 → 来了 lái le 왔다
来了 lái le 왔다 ↔ 没来 méi lái 안 왔다(没가 있으므로 了는 붙이지 않아요).

중국어의 마침표 ● 한글에서는 마침표를 까만 점인 '.'로 사용하는 데 비해 중국에서는 작은 동그라미 모양의 '。'로 표기합니다. 또, 우리나라에는 쉼표가 ',' 한 종류뿐이지만, 중국어에서는 ','과 '、' 두 가지를 사용합니다. ','의 사용법은 우리나라와 거의 비슷하고요, '、'는 병렬의 의미가 있을 때만 사용합니다. 즉, 우리말로는 '나는 사과, 딸기, 바나나를 좋아한다.'고 쓰지만 중국어로는 '나는 사과、딸기、바나나를 좋아한다。'라고 쓴답니다.

앞에서 배운 20마디를 이용해
회화 연습을 해 보세요.
한국어를 보고 중국어가 바로 튀어나오면
당신은 이미 중국어 고수!

실전 생생 연습 一	
A	너 봤어?
B	나는 못 봤는데. 너는 봤니?
A	못 봤어.
B	우리 같이 보자.

019.mp3

A 너 봤어?

B 我没看。你看了吗?
   Wǒ méi kàn　Nǐ kàn le ma

A 못 봤어.

B 我们一起看吧。
   Wǒmen yìqǐ kàn ba

A 你看了吗?
   Nǐ kàn le ma

B 나는 못 봤는데. 너는 봤니?

A 没看。
   Méi kàn

B 우리 같이 보자.

실전 생생 연습 二	A 어디 가? B 학교에 가. 너는 어디 가니? A 나는 음식점에 가.

020.mp3

A 어디 가?

B 我去学校。你去哪儿?
　Wǒ qù xuéxiào. Nǐ qù nǎr?

A 나는 음식점에 가.

A 你去哪儿?
　Nǐ qù nǎr?

B 학교에 가. 너는 어디 가니?

A 我去餐厅。
　Wǒ qù cāntīng.

**흥미진진
차!
이!
나!**

"중국어는 정말로 어려울까?"

대답은 No!!입니다. 중국어는 처음 느껴지는 것만큼 그렇게 어려운 언어가 아니랍니다. 아니, 오히려 우리나라 사람들이 배우기에는 그 어떤 외국어보다도 쉽고 또 궁합이 잘 맞는 외국어입니다.

무엇보다 중국어는 한글이나 영어와는 달리 단어에 형태 변화가 없습니다. 예를 들어 "나는 그녀를 사랑해"는 중국어로 "워 아이 타 我爱她 Wǒ ài tā"라고 합니다. 이를 영어로 하면 "I love her"가 되지요. 그런데 이 문장의 주어를 바꿔서 "그녀는 나를 사랑해"라고 하면 영어로는 "She loves me", 중국어로는 "她爱我"가 됩니다. 즉, 우리말은 '나는 → 나를', '그녀를 → 그녀는'으로 변화가 생겼고, 영어는 'I → me', 'her → She', 'love → loves'로 각각 형태 변화가 발생했습니다. 하지만 이와 달리 중국어는 아무런 형태 변화 없이 그냥 순서만 바꿔서 쓰면 된답니다.

| I | love | her | 我爱她 Wǒ ài tā. | 나는 그녀를 사랑해 |
| She | loves | me | 她爱我 Tā ài wǒ. | 그녀는 나를 사랑해 |

그러므로 중국어는 초급 단계에서 발음만 잘 익힌다면 그 이후에는 순풍에 돛단 듯 실력이 쑥쑥 자라는 것을 느낄 수 있을 거예요. 실제로도 중국어를 배우는 외국인들 중에 우리나라 사람들이 중국어를 가장 잘한다는 사실! 같은 한자 문화권인 데다가 언어를 사고하는 논리 구조가 비슷하기 때문이지요. 그렇다면 중국어를 단기간에 정확하게 잘 배울 수 있는 방법이 뭘까요? 바로 중국어 문장을 소리 내어 많이 읽어 보는 것입니다. 중국어는 문장 구조가 간단하고 단어의 형태 변화도 없고 복잡한 문법도 거의 없는 대신 발음과 성조가 정말 중요하거든요.

是
不是
有
没有

05 〉 08
제목 미리 보기

是

05 shì ● ~은 ~이다

① 이것은 뭐니?

② 이것은 책이야.

③ 이것도 책이야.

④ 나는 한국인이야. 너는?

⑤ 우리는 좋은 친구야.

~은~이다 是 shì	이것, 이 这 zhè
무엇 什么 shénme	책 书 shū
~도 也 yě	한국인 韩国人 Hánguórén
~는? 呢 ne (의문문 끝에서 강조를 나타냄)	좋은 친구 好朋友 hǎopéngyou

05 是

① Zhè shì shénme
这是什么?
쩌 스 션머

② Zhè shì shū
这是书。
쩌 스 수

③ Zhè yě shì shū
这也是书。
쩌 예 스 수

④ Wǒ shì Hánguórén Nǐ ne
我是韩国人。你呢?
워 스 한구워런. 니 너

⑤ Wǒmen shì hǎopéngyou
我们是好朋友。
워먼 스 하오펑여우

● 1성+1성
kāichē   jīntiān   kāfēi
shūbāo   fēijī   tīngshuō

● 1성+2성
ānpái   gāngcái   gōngyuán
jiāyóu   xīnqíng   shuōmíng

是

是 ● 영어의 be 동사에 해당하는 '是 shì'는 '~은 ~이다'라는 뜻을 갖고 있습니다. 즉, 'A는 B다'는 'A 是 B'라고 하면 됩니다. 의문문은 앞에서 배웠던 것처럼 문장 맨 뒤에 '吗 ma'만 붙이면 끝!

我们是好朋友。 Wǒmen shì hǎopéngyou. 우리는 좋은 친구야.
我们是好朋友吗? Wǒmen shì hǎopéngyou ma? 우리는 좋은 친구니?

这 ● 영어의 'this'와 같은 뜻으로, '이것, 이'라는 의미를 갖고 있지요. 사람이나 사물 모두에 동일하게 쓸 수 있으며, 문장에 따라 '이 사람', '이것' 등으로 해석될 수 있습니다.

의문문 만들기(4) ● '什么 shénme'는 '무엇'이라는 뜻을 지닌 의문사입니다. 3과에 나왔던 '哪儿 nǎr'과 마찬가지로 문장의 어순을 바꾸지 않고 의문사만 넣으면 된답니다. 물론 대답할 때도 의문사 자리에 답을 넣어서 대답하면 되고요. 단, '什么 shénme'나 '哪儿 nǎr'처럼 의문사가 있는 문장에는 吗를 사용하지 않음을 꼭 기억하세요.

这是书。 Zhè shì shū. 이것은 책이야.
这是什么? Zhè shì shénme? 이것은 뭐니?

你呢? ● '呢 ne'는 의문사는 아니지만 인칭대명사 뒤에 쓰여서 '~는?'이라는 의문의 뜻을 만듭니다.

你呢? Nǐ ne? 너는?
他呢? Tā ne? 그는?

不是

06 búshì • ~이 아니다

① 저것은 책이 아니야.

② 저것은 내 책이 아니야.

③ 그는 한국인이 아니야. 너는?

④ 그는 중국인이 아니니?

⑤ 나는 그의 선생님이 아니야.

~이 아니다 不是 búshì   저, 그, 저것, 그것 那 nà
~의 的 de (수식 관계를 나타내는 조사)   중국인 中国人 Zhōngguórén
선생님 老师 lǎoshī

06
不是

① Nà búshì shū
那**不是**书。
나 부스 수

② Nà búshì wǒ de shū
那**不是**我的书。
나 부스 워 더 수

③ Tā búshì Hánguórén Nǐ ne
他**不是**韩国人。你呢?
타 부스 한구워런. 니 너

④ Tā búshì Zhōngguórén ma
他**不是**中国人吗?
타 부스 쯍구워런 마

⑤ Wǒ búshì tā de lǎoshī
我**不是**他的老师。
워 부스 타 더 라오스

● 1성+3성

qiānbǐ   shēntǐ   fāzhǎn
kāishǐ   cāochǎng   wēixiǎn

● 1성+4성

yīnwèi   yīnyuè   bāngzhù
chēzhàn   chūxiàn   shāngdiàn

44

不是 ● '~이다'라는 뜻을 가진 '是 shì'의 부정은 是 앞에 不를 붙여서 '不是 búshì'라고 합니다.

　这不是书。Zhè búshì shū. 이것은 책이 아니야.
　她不是韩国人。Tā búshì Hánguórén. 그녀는 한국인이 아니야.

那 ● 영어의 'that'과 같은 뜻입니다. '저, 그, 저것, 그것'이라는 의미를 갖고 있지요. 사람이나 사물 모두에 동일하게 쓸 수 있습니다. 즉, 문장에 따라 '저 사람, 그 사람', '그것, 저것' 등으로 다 해석될 수 있어요.

의문문 만들기(5) ● '是 shì'를 이용한 의문문은 의문문 만들기(1)에서 배웠던 것처럼 문장 맨 뒤에 '吗 ma'를 붙이거나 주어 뒤에 '是不是 shì bu shì'를 넣어 표현할 수 있습니다. 단, 是不是를 쓴 의문문 뒤에는 따로 吗를 사용하지 않음을 기억하세요.

　他是中国人吗？Tā shì Zhōngguórén ma?
　그는 중국인이니?
　他是不是中国人？Tā shì bu shì Zhōngguórén?
　그는 중국인이니, 아니니?

的 ● 수식 관계를 나타내는 말로 '~의', '~한'이라는 뜻을 나타냅니다.

　我的书 wǒ de shū 나의 책
　他去的餐厅 tā qù de cāntīng 그가 간 식당

有

07 yǒu ● 있다, 가지고 있다

① 나는 여동생이 있어.

② 나는 여동생이 한 명 있어.

③ 그는 책이 두 권 있어.

④ 오늘은 수업이 세 시간 있어.

⑤ 너는 중국인 친구가 있니?

있다, 가지고 있다   有 yǒu
여동생   妹妹 mèimei
권[양사]   本 běn
수업 등을 세는 양사   节 jié

개, 명[양사]   个 ge
둘   两 liǎng
오늘   今天 jīntiān
수업   课 kè

① Wǒ yǒu mèimei
我有妹妹。
워 여우 메이메이

② Wǒ yǒu yí ge mèimei
我有一个妹妹。
워 여우 이 거 메이메이

③ Tā yǒu liǎng běn shū
他有两本书。
타 여우 량 번 수

④ Jīntiān yǒu sān jié kè
今天有三节课。
진티엔 여우 싼 지에 크어

⑤ Nǐ yǒu Zhōngguó péngyou ma
你有中国朋友吗？
니 여우 쯩구워 펑여우 마

● 2성+1성

báitiān　nóngcūn　chénggōng
shíjiān　jiéhūn　máojīn

● 2성+2성

xuéxí　　　rénmín　　tóngxué
chángcháng　chúfáng　cóngqián

有

有 ● 영어의 'have'와 비슷한 의미를 지닌 '有 yǒu'는 '있다, 가지고 있다, 소유하다'라는 뜻의 동사입니다. 즉, 'A有B'는 'A는 B를 가지고 있다'라는 뜻이랍니다. 의문문을 만들 때는 역시 문장 맨 끝에 '吗 ma'를 붙이면 됩니다.

我有中国朋友。 Wǒ yǒu Zhōngguó péngyou. 나는 중국 친구가 있어.
你有妹妹吗? Nǐ yǒu mèimei ma? 너는 여동생이 있니?

양사(量词) ● 우리말도 '권, 명, 개, 마리, 장, 벌' 등 사물을 세는 단위가 각각 다르듯이 중국어도 사물의 종류마다 세는 단위가 다 다릅니다. 이를 일컬어 '양사'라고 한답니다. 무엇을 세는지 그 대상에 따라 양사도 달라져야겠지요.

一个妹妹 yí ge mèimei 여동생 한 명
三个朋友 sān ge péngyou 친구 세 명
两本书 liǎng běn shū 책 두 권
五节课 wǔ jié kè 수업 다섯 시간

숫자 배우기(1) ● 중국어의 숫자는 글자로 보면 아주 쉽습니다. 우리나라와 동일한 한자를 사용하거든요. 그러므로 우리는 읽는 연습만 잘하면 되겠죠?

0 : 零 líng   1 : 一 yī   2 : 二 èr / 两 liǎng
3 : 三 sān   4 : 四 sì   5 : 五 wǔ

2의 경우, 숫자 2는 '二 èr'이지만 '둘'이라고 할 때는 반드시 '两 liǎng'을 써야 합니다.

二个朋友 èr ge péngyou (×)
两个朋友 liǎng ge péngyou (○) 친구 두 명

没有

08 **méiyǒu** • 없다, 가지고 있지 않다

① 나는 여동생이 없어.

② 너는 책이 없니?

③ 내일은 수업이 없어.

④ 그는 연필이 없어.

⑤ 나는 중국 친구가 없어.

없다, 가지고 있지 않다	没有 méiyǒu	내일	明天 míngtiān
연필	铅笔 qiānbǐ		

08 没有

① Wǒ méiyǒu mèimei
我**没有**妹妹。
워 메이여우 메이메이

② Nǐ méiyǒu shū ma
你**没有**书吗?
니 메이여우 수 마

③ Míngtiān méiyǒu kè
明天**没有**课。
밍티엔 메이여우 크어

④ Tā méiyǒu qiānbǐ
他**没有**铅笔。
타 메이여우 치엔비

⑤ Wǒ méiyǒu Zhōngguó péngyou
我**没有**中国朋友。
워 메이여우 쯍구워 펑여우

● 2성+3성

cídiǎn　　érqiě　　máobǐ
píngguǒ　rúguǒ　rénkǒu

● 2성+4성

búcuò　　búdàn　　chéngshì
chídào　　fúwù　　jiéshù

没有

没有 ● '有 yǒu'의 반대말은 '不有 bù yǒu'가 아니라 '没有 méiyǒu'라고 해야 합니다. 즉, 有는 不가 아닌 没로 부정의 의미를 나타내는 것이지요. 의문문은 '有吗? yǒu ma?', '没有吗? méiyǒu ma?' 또는 '有没有? yǒu méiyǒu?'로 표현할 수 있습니다. 단, 有没有?로 물어볼 때는 문장 맨 끝에 吗를 붙이지 않는다는 것, 기억하시죠?

꼼꼼하게 읽어 보고
오래오래 기억하기

他有铅笔。Tā yǒu qiānbǐ.
그는 연필이 있어.

他没有铅笔。Tā méiyǒu qiānbǐ.
그는 연필이 없어.

他有铅笔吗? Tā yǒu qiānbǐ ma?
그는 연필이 있니?

他没有铅笔吗? Tā méiyǒu qiānbǐ ma?
그는 연필이 없니?

他有没有铅笔? Tā yǒu méiyǒu qiānbǐ?
그는 연필이 있니, 없니?

숫자 배우기(2) ● 앞 단원에 이어서 중국어의 숫자를 배워 볼까요? 오늘은 6부터 10까지 연습해 봅시다. 발음은 조금 생소하겠지만 사용법은 우리나라와 동일하므로 정확하게 읽는 연습만 하면 됩니다.

6 : 六 liù   7 : 七 qī   8 : 八 bā
9 : 九 jiǔ   10 : 十 shí

앞에서 배운 20마디를 이용해
회화 연습을 해 보세요.
한국어를 보고 중국어가 바로 튀어나오면
당신은 이미 중국어 고수!

| 실전 생생 연습 一 | A 이것은 무엇이니?
 B 이건 내 책이야.
 A 이것도 네 책이니?
 B 아니, 이건 그의 책이야. |

A 이것은 무엇이니?

B 这是我的书。
　Zhè shì wǒ de shū

A 이것도 네 책이니?

B 不是，这是他的书。
　Búshì, zhè shì tā de shū

A 这是什么？
　Zhè shì shénme

B 이건 내 책이야.

A 这也是你的书吗？
　Zhè yě shì nǐ de shū ma

B 아니, 이건 그의 책이야.

실전	A 오늘 수업 있어?
생생	B 오늘은 수업이 없어. 내일 수업이 두 시간 있어.
연습 二	A 내일은 나도 수업이 두 시간 있어. 우리 같이 학교 가자.

038.mp3

A 오늘 수업 있어?

B 今天我没有课。明天有两节课。
　Jīntiān wǒ méiyǒu kè. Míngtiān yǒu liǎng jié kè.

A 내일은 나도 수업이 두 시간 있어.
우리 같이 학교 가자.

A 今天你有课吗?
　Jīntiān nǐ yǒu kè ma?

B 오늘은 수업이 없어. 내일 수업이 두 시간 있어.

A 明天我也有两节课。
　Míngtiān wǒ yě yǒu liǎng jié kè.
我们一起去学校吧。
Wǒmen yìqǐ qù xuéxiào ba.

흥미진진
차!
이!
나!

"붉은색의 강렬함, 중국에 대한 기초 상식"

● 중국의 정식 명칭은 중화인민공화국 中华人民共和国 Zhōnghuá Rénmín Gònghéguó입니다.

● 중국의 국기는 '오성홍기'라고 부릅니다. 이를 중국어로 '우싱홍치 五星红旗 Wǔxīng-Hóngqí'라고 하지요. 이 오성홍기는 '다섯 개의 별이 있는 붉은색 깃발'이라고 해석할 수 있습니다. 여기에서 가장 큰 별은 무엇일까요? 사회주의 국가인 중국답게 가장 큰 별은 공산당을 상징합니다. 국기의 모양을 자세히 보면 작은 별 네 개에 공통점이 있음을 발견할 수 있습니다. 찾으셨나요? 그건 바로 이 네 개의 작은 별 모두 한 개의 뿔 끝이 큰 별의 중심부를 향하고 있다는 사실입니다. 이 작은 별 네 개는 각각 중국 사회의 4대 구성체인 노동자, 농민, 지식인, 민족자산계층을 상징하며 이들이 모두 큰 별인 공산당을 중심으로 일치단결한다는 것을 나타내고 있습니다.

● 2013년 현재 중국의 인구는 13억이 훌쩍 넘었습니다. 세계 인구가 약 71억이라고 하니 5~6명 중 한 명은 중국 사람인 셈입니다.

● 중국의 국토 면적은 960㎢로, 한반도를 44개 합쳐 놓은 것과 비슷합니다.

● 중국의 수도는 베이징 北京 Běijīng이며, 중국의 4대 직할시는 베이징과 티엔진 天津 Tiānjīn, 샹하이 上海 Shànghǎi, 그리고 총칭 重庆 Chóngqìng입니다.

喝吃好不好

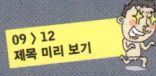
09 > 12
제목 미리 보기

喝

09 hē ● 마시다

① 그는 콜라를 마셔.

② 나는 이미 마셨어.

③ 나는 술을 안 마셔.

④ 너는 뭘 마시니?

⑤ 나는 커피 한 잔을 마셔.

마시다 喝 hē
이미, 벌써 已经 yǐjīng
잔 [양사] 杯 bēi

콜라 可乐 kělè
술 酒 jiǔ
커피 咖啡 kāfēi

喝

① Tā hē kělè
他喝可乐。
타 흐어 크얼러

② Wǒ yǐjīng hē le
我已经喝了。
워 이징 흐얼 러

③ Wǒ bù hējiǔ
我不喝酒。
워 뿌 흐어지어우

④ Nǐ hē shénme
你喝什么?
니 흐어 션머

⑤ Wǒ hē yì bēi kāfēi
我喝一杯咖啡。
워 흐어 이 뻬이 카페이

041.mp3

042.mp3

● 3성+1성

xǐyī   hǎochī   huǒchē
jiǎndān lǎoshī   xiǎoxīn

● 3성+ 2성

běnlái   yǐwéi   guǒrán
jiǎnzhí   jiějué   yǒumíng

09
喝

중국어의 구조 ● 일반적으로 중국어 문장은 '주어+술어+목적어'의 구조로 이루어져 있습니다. 즉, '~을 마시다'라고 하려면 동사 '喝 hē' 뒤에 '무엇'을 붙여 주면 됩니다.

他喝可乐。Tā hē kělè. 그는 콜라를 마셔.
你听什么? Nǐ tīng shénme? 너는 무엇을 듣니?
我看他的书。Wǒ kàn tā de shū. 나는 그의 책을 봐.

已经~了 ● '已经 yǐjīng'은 '이미, 벌써'라는 뜻을 지닌 부사어로, 문장 맨 끝에 '了 le'가 주로 함께 쓰입니다. '이미 ~했다'라는 의미가 된답니다.

我已经喝了。Wǒ yǐjīng hē le. 나는 이미 마셨어.
他已经去餐厅了。Tā yǐjīng qù cāntīng le. 그는 이미 음식점에 갔어.
我们已经来了。Wǒmen yǐjīng lái le. 우리들은 이미 왔어.

杯 ● 사물을 세는 단위인 '양사'는 지난 단원에서 이미 배웠습니다(P. 48). '杯 bēi'는 커피, 콜라, 우유 등 음료를 세는 양사로, 우리말의 '잔'에 해당하는 말입니다. 지난 과에서 배운 양사도 함께 복습해 봅시다.

三个朋友 sān ge péngyou 친구 세 명
两本书 liǎng běn shū 책 두 권
五节课 wǔ jié kè 수업 다섯 시간
一杯咖啡 yì bēi kāfēi 커피 한 잔

10 chī • 먹다

043.mp3

① 나는 사과를 먹어.

② 나는 이미 먹었어.

③ 그는 양고기를 먹지 않아.

④ 밥 먹었니?

⑤ 아직 안 먹었어.

044.mp3

먹다 吃 chī 사과 苹果 píngguǒ
양고기 羊肉 yángròu 밥 饭 fàn
아직 还 hái

吃

045.mp3

① Wǒ chī píngguǒ
我**吃**苹果。
워 츠 핑구워

② Wǒ yǐjīng chī le
我已经**吃**了。
워 이징 츨 러

③ Tā bùchī yángròu
他不**吃**羊肉。
타 뿌츠 양러우

④ Nǐ chīfàn le ma
你**吃**饭了吗?
니 츠판 러 마

⑤ Wǒ hái méi chī ne
我还没**吃**呢。
워 하이 메이 츠 너

046.mp3

● 3성+3성
lǎohǔ   zhěnglǐ   suǒyǐ
xǐzǎo   suǒyǒu   xǐshǒu

● 3성+4성
bǐjiào   ruǎnjiàn   shǒutào
tǎoyàn   fǎngwèn   hǎokàn

60

10
吃

의문문에 대답하기 ● '你吃饭了吗? Nǐ chī fàn le ma?'에 대한 대답은 어떻게 할까요?

吃了。 Chī le. 먹었어.

没吃。 Méi chī. 또는 没有。 Méiyǒu. 안 먹었어.

'没+동사'로도, 그냥 동사 없이 '没有 méiyǒu'로도 대답할 수 있습니다. 단, 没를 써서 부정적인 대답을 할 때는 了를 쓰지 않는다는 사실을 꼭 기억하세요.

还没~呢 ● '还 hái'는 여러 가지 의미를 가진 부사이지만, 여기에서는 '아직' 이라는 의미로 쓰였습니다. 그러므로 '还没~呢 hái méi~ne'는 '아직 ~하지 않았다'는 의미가 되는 것이지요. '벌써 ~했다'라는 의미의 '已经~了 yǐjīng~le' 에 반대되는 뜻으로 둘 다 무척 자주 쓰이는 표현입니다.

还没吃呢。 Hái méi chī ne. 아직 안 먹었어.

还没看呢。 Hái méi kàn ne. 아직 안 봤어.

숫자 배우기(3) ● 앞 단원에 이어서 중국어의 숫자를 배워 볼까요? 오늘은 10 이상의 숫자를 연습해 봅시다. 역시 우리말과 거의 비슷하고 발음만 다르답니다.

11 : 十一 shíyī   12 : 十二 shí'èr
20 : 二十 èrshí   21 : 二十一 èrshíyī
100 : 一百 yì bǎi   1,000 : 一千 yì qiān
10,000 : 一万 yí wàn   300,000 : 三十万 sānshí wàn

一 yī의 성조에 특히 유의해 주세요. 一는 예전에 배웠던 '不 bù'와 마찬가지로 뒷 글자의 성조에 따라 그 성조가 변화한답니다. 즉, 단독으로 쓰이거나 문장 맨 끝에 놓일 때에는 1성으로, 뒤에 1, 2, 3성이 나오면 4성으로, 뒤에 4성이 나오면 2성으로 각각 바뀝니다.

好

11 hǎo ● 좋다

① 나도 매우 잘 지내.

② 그는 나의 좋은 친구야.

③ 오늘 날씨가 대단히 좋네.

④ 그의 발음은 정말 좋아.

⑤ 그는 나에게 잘해 줘.

좋다 好 hǎo
날씨 天气 tiānqì
발음 发音 fāyīn
~에 대하여 对 duì

매우 很 hěn
대단히 非常 fēicháng
정말 真 zhēn

好

① Wǒ yě hěn hǎo
我也很好。
워 예 흔 하오

② Tā shì wǒ de hǎopéngyou
他是我的好朋友。
타 스 워 더 하오펑여우

③ Jīntiān tiānqì fēicháng hǎo
今天天气非常好。
진티엔 티엔치 페이창 하오

④ Tā de fāyīn zhēn hǎo
他的发音真好。
타 더 파인 쩐 하오

⑤ Tā duì wǒ hěn hǎo
他对我很好。
타 뚜웨이 워 흔 하오

049.mp3

050.mp3

● 4성+1성

hùxiāng   jiànkāng   lùyīn
miànbāo   xiàtiān   shuàigē

● 4성+2성

bàngqiú   bìngrén   dàxué
tàiyáng   liànxí   rènwéi

⑪ 好

很, 真, 非常 ● 세 단어 모두 형용사를 꾸며 주는 말이지만, 그 의미는 각각 조금씩 다릅니다. 먼저 '很 hěn'은 '매우'라는 뜻으로, 중국인들이 가장 흔하게 붙이는 꾸밈말이에요. '真 zhēn'은 '정말로'라는 의미를 갖고 있고요, '非常 fēicháng'에는 '대단히'라는 뜻이 있습니다. 상황에 따라 의미에 맞게 잘 활용해서 쓰면 됩니다.

他的发音很好。 Tā de fāyīn hěn hǎo.
그의 발음은 매우 좋아.

他的发音真好。 Tā de fāyīn zhēn hǎo.
그의 발음은 정말 좋아.

他的发音非常好。 Tā de fāyīn fēicháng hǎo.
그의 발음은 대단히 좋아.

对~好 ● '对 duì'는 '맞다'라는 뜻을 지닌 형용사이기도 하지만, '~에 대해서'라는 의미의 전치사로도 많이 쓰입니다. 여기에서는 전치사로 쓰였으므로 '对~好 duì~hǎo'는 '~에게 잘해 주다'라는 뜻이 됩니다. 그냥 숙어처럼 통으로 외워 둡시다.

他对我很好。 Tā duì wǒ hěn hǎo.
그는 나에게 매우 잘해 줘.

他们对你好吗? Tāmen duì nǐ hǎo ma?
그들은 너한테 잘해 주니?

不好

12 bùhǎo ● 좋지 않다

① 난 좋지 않은 친구가 없어.

② 오늘 날씨는 그다지 좋지 않구나.

③ 그의 발음은 정말 좋지 않아.

④ 우리 같이 가자, 어때(좋니 안 좋니)?

⑤ 그는 몸이 좋지 않아서 오늘 못 왔어.

그다지 ~하지 않다 **不太** bùtài   몸, 신체, 건강 **身体** shēntǐ

12 不好

① Wǒ méiyǒu bùhǎo de péngyou
我没有**不好**的朋友。
워 메이여우 뿌하오 더 펑여우

② Jīntiān tiānqì bútài hǎo
今天天气**不太好**。
진티엔 티엔치 부타이 하오

③ Tā de fāyīn zhēn bùhǎo
他的发音真**不好**。
타 더 파인 쩐 뿌하오

④ Wǒmen yìqǐ qù, hǎo bu hǎo
我们一起去，好**不**好?
워먼 이치 취, 하오 부 하오

⑤ Tā shēntǐ bùhǎo, jīntiān méi lái
他身体**不好**，今天没来。
타 션티 뿌하오, 진티엔 메이 라이

053.mp3

054.mp3

● 4성+3성
gèzhǒng   huòzhě   shàngwǔ
shìchǎng tiàowǔ   xiàwǔ

● 4성+4성
sànbù   cuòwù   duànliàn
jiànmiàn kànbìng kuàilè

12 不好

不太 ● '太 tài'는 '대단히, 아주, 극히'라는 의미를 가진 말입니다. 그리고 이 글자가 不와 만나면 '그다지 ~하지 않다'라는 뜻을 갖게 됩니다. 즉, '太~了 tài~le'는 '너무 ~하다', '不太 bútài'는 '그다지 ~하지 않다'라는 의미입니다.

太好了! Tài hǎo le!
너무 좋아!

这本书不太好。Zhè běn shū bútài hǎo.
이 책은 그다지 좋지 않아.

好不好? ● 상대방의 의향을 물어볼 때 문장 맨 마지막에 쓰는 말입니다. '어때?'라고 해석할 수 있으며 '好吗? hǎo ma?'라고도 쓸 수 있습니다. '好不好? hǎo bu hǎo?'의 가운데 쓰인 不는 경성으로 발음하는 게 자연스럽답니다. 好의 다양한 표현법을 배우고 싶은 분은 P. 264를 참고하세요.

我们一起去，好不好? Wǒmen yìqǐ qù, hǎo bu hǎo?
우리 같이 가자, 어때?

明天我们一起吃饭，好吗? Míngtiān wǒmen yìqǐ chīfàn, hǎo ma?
내일 우리 같이 밥 먹자, 어때?

앞에서 배운 20마디를 이용해
회화 연습을 해 보세요.
한국어를 보고 중국어가 바로 튀어나오면
당신은 이미 중국어 고수!

실전	A	너 중국인 친구가 있니?
생생	B	있어.
연습	A	그는 너에게 잘해 주니?
一	B	나에게 매우 잘해 줘. 그는 나의 좋은 친구야.

055.mp3

A 너 중국인 친구가 있니?

B Yǒu
  有。

A 그는 너에게 잘해 주니?

B Tā duì wǒ hěn hǎo   Tā shì wǒ de hǎopéngyou
  他对我很好。 他是我的好朋友。

A Nǐ yǒu Zhōngguó péngyou ma
  你有中国朋友吗？

B 있어.

A Tā duì nǐ hǎo ma
  他对你好吗？

B 나에게 매우 잘해 줘. 그는 나의 좋은 친구야.

실전	A 밥 먹었어?
생생	B 이미 먹었어.
연습	A 뭘 먹었어?
二	B 사과 세 개를 먹었어.

056.mp3

A 밥 먹었어?

B 我已经吃了。
Wǒ yǐjīng chī le

A 뭘 먹었어?

B 我吃了三个苹果。
Wǒ chī le sān ge píngguǒ

A 你吃饭了吗?
Nǐ chīfàn le ma

B 이미 먹었어.

A 你吃了什么?
Nǐ chī le shénme

B 사과 세 개를 먹었어.

**흥미진진
차!
이!
나!**

"중국 사람은 모두 한족일까?"

중국은 우리나라처럼 단일민족이 아니라 56개의 민족으로 이루어진 다민족 국가입니다. 그중에서 한족 汉族 Hànzú이 전체의 92%를 차지하고 있지요. 나머지 55개 민족은 통합하여 소수민족 少数民族 shǎoshùmínzú이라고 부릅니다. 원래 소수민족들은 대부분 각자의 나라나 부족을 형성하여 살고 있었는데 오랜 세월 동안 한족과의 분쟁과 전쟁을 거치면서 하나둘씩 중국이라는 거대한 대륙의 구성원이 된 것이랍니다.

우리가 잘 알고 있는 조선족 朝鲜族 Cháoxiānzú이나 청나라를 세웠던 민족인 만족 满族 Mǎnzú, 칭기즈칸의 후예인 몽골족 蒙古族 Měnggǔzú, 그리고 티베트 지역의 장족 藏族 Zàngzú 등이 대표적인 소수민족이라고 할 수 있습니다.

중국 정부는 민족 분쟁을 막기 위해 다양한 소수민족 우대 정책을 펼치고 있습니다. 각 민족마다 고유한 문화를 보존하여 살 수 있도록 학교를 세우게 해 주고 재정적인 지원도 합니다. 또한 대학 입학 시에도 소수민족에게는 일정한 가산점을 부여해 주지요. 이외에 중국 정부가 엄격하게 시행하고 있는 1가구 1자녀 인구 정책에서도 인구 1,000만 명 이하의 소수민족은 아이를 두 명까지 출산할 수 있답니다.

하지만 이처럼 다양한 우대 정책에도 불구하고 티베트 지역을 비롯한 중국 각지에서 소수민족들의 독립운동이 끊이지 않는 것을 보면 어떻게든 '하나의 중국'을 유지하려는 중국 정부의 고민은 앞으로도 더욱 깊어질 것으로 짐작됩니다.

写说为什么·谁几

13 > 16
제목 미리 보기

写

13 xiě ● 쓰다

① 너는 뭘 쓰니?

② 그는 편지를 써.

③ 나는 그에게 편지를 써.

④ 나는 이미 다 썼어.

⑤ 너는 언제 일기를 쓰니?

쓰다 写 xiě
주다, ~에게 给 gěi
언제 什么时候 shénmeshíhou

편지 信 xìn
마치다, 끝나다 完 wán
일기 日记 rìjì

13 写

① Nǐ xiě shénme
你**写**什么?
니 시에 션머

② Tā xiěxìn
他**写**信。
타 시에신

③ Wǒ gěi tā xiěxìn
我给他**写**信。
워 게이 타 시에신

④ Wǒ yǐjīng xiě wán le
我已经**写**完了。
워 이징 시에 완 러

⑤ Nǐ shénmeshíhou xiě rìjì
你什么时候**写**日记?
니 션머스허우 시에 르지

축하해!
ⓥ
恭喜恭喜! Gōngxǐ gōngxǐ!

写

给~写信 ● '给 gěi'는 두 가지 뜻을 갖고 있습니다. 하나는 '주다'라는 의미의 동사이고요, 또 하나는 '~에게'라는 의미의 전치사입니다. 여기에서는 '~에게'라는 의미로 쓰였답니다. 즉, '给~写信 gěi~xiěxìn'은 '~에게 편지를 쓰다'라는 뜻이 되지요. 이외에도 给는 여러 동사와 함께 쓰일 수 있으므로 다양하게 활용해 봅시다.

　　我给他听。 Wǒ gěi tā tīng. 내가 그에게 들려준다.
　　他给我看他的日记。 Tā gěi wǒ kàn tā de rìjì. 그는 나에게 그의 일기를 보여 준다.

동사+完 ● '完 wán'은 '완성하다, 끝내다, 끝나다' 등의 뜻을 가진 동사입니다. 그런데 동사 뒤에 놓여서 '다 ~했다'라는 완성을 나타내는 보어로도 쓰인답니다. '밥을 먹었다'와 '밥을 다 먹었다'는 상황에 따라 의미가 조금 달라질 수 있으니까요.

　　你看完了吗? Nǐ kàn wán le ma? 다 봤어?
　　我已经喝完了。 Wǒ yǐjīng hē wán le. 나는 이미 다 마셨어.
　　我还没吃完呢。 Wǒ hái méi chī wán ne. 나는 아직 다 안 먹었어.

什么时候 ● '언제'라는 뜻을 갖고 있습니다. 다른 의문문과 마찬가지로 어순이 바뀌지 않고 평서문과 같은 어순으로 쓰인다는 것을 기억하세요.

　　你什么时候去学校? Nǐ shénmeshíhou qù xuéxiào? 너는 언제 학교에 가니?
　　你什么时候吃饭? Nǐ shénmeshíhou chīfàn? 너는 언제 밥을 먹니?

说

14 shuō • 말하다

① 뭐라고 말한 거야?

② 말 좀 해 보세요.

③ 네가 그에게 말해.

④ 난 이미 다 말했어.

⑤ 내가 어떻게 말하면 좋을까?

말하다　说 shuō　　　　　~해주세요, 부탁하다　请 qǐng
~와, ~에게　跟 gēn　　　　어떻게　怎么 zěnme

说

① Nǐ shuō shénme
你说什么？
니 수워 션머

② Qǐng shuō yi shuō
请说一说。
칭 수워 이 수워

③ Nǐ gēn tā shuō ba
你跟他说吧。
니 껀 타 수워 바

④ Wǒ yǐjīng shuō wán le
我已经说完了。
워 이징 수워 완 러

⑤ Wǒ zěnme shuō hǎo ne
我怎么说好呢？
워 쩐머 수워 하오 너

어쩐지. 내 말이. 내가 뭐랬어. 그러면 그렇지.
⇨
我说呢。Wǒ shuō ne.

说

说一说 ● '동사+一+동사'는 '한번 ~해 보다'라는 뜻을 가진 표현입니다. 즉, '말하다'라는 뜻의 동사 '说 shuō'를 써서 '说一说 shuō yi shuō'라고 하면 '한번 말해 보다'라는 뜻이 되지요. 이때 一는 경성으로 발음합니다. 또한 一를 생략하여 '说说 shuōshuo'라고도 쓸 수 있는데, 이 경우엔 두 번째 동사를 경성으로 발음합니다.

请给我看看。 Qǐng gěi wǒ kànkan.
나한테 한번 좀 보여 줘.

你听一听吧。 Nǐ tīng yi tīng ba.
한번 들어 봐.

跟~说 ● '跟 gēn'은 '~와'라는 뜻을 지닌 전치사로서 '跟~说 gēn~shuō'는 '~에게 말하다, ~와 말하다'라는 뜻이 됩니다. 이때 跟 대신 '对 duì'를 써도 되지만 '给 gěi'는 쓰지 않으므로 주의하세요. 얼핏 생각하면 '~에게'의 의미를 가진 给를 쓰는 게 더 정확한 표현일 것 같지만 중국어에서 说는 쌍방 간의 소통이라고 생각하기 때문에 일방향적인 의미의 给는 쓰지 않는답니다.

你跟他说吧。 Nǐ gēn tā shuō ba.
= 你对他说吧。 Nǐ duì tā shuō ba. 네가 걔한테 말해.

怎么 ● '어떻게'라는 의미를 가진 의문사입니다. '怎么 zěnme'는 '어떻게, 어째서, 왜' 등의 여러 가지 의미를 갖고 있지만 이 문장에서는 '어떻게'라는 구체적인 방법을 물어보는 뜻으로 쓰였습니다.

这个怎么吃? Zhège zěnme chī? 이건 어떻게 먹는 거야?

你怎么说了? Nǐ zěnme shuō le? 너 어떻게 말했니?

为什么 · 谁

15 wèishénme ● 왜　　　shéi ● 누구

① **왜** 집에 안 가?

② 어제 **왜** 안 왔어?

③ **왜** 술을 마셔?

④ **누구**세요?

⑤ 넌 **누구**와 밥을 먹니?

왜	为什么 wèishénme	누구	谁 shéi
집에 돌아가다	回家 huíjiā	어제	昨天 zuótiān

15 为什么 · 谁

① Nǐ wèishénme bù huíjiā
你为什么不回家？
니 웨이션머 뿌 후웨이지아

② Nǐ zuótiān wèishénme méi lái
你昨天为什么没来？
니 주워티엔 웨이션머 메이 라이

③ Nǐ wèishénme hējiǔ
你为什么喝酒？
니 웨이션머 흐어지어우

④ Nǐ shì shéi
你是谁？
니 스 셰이

⑤ Nǐ gēn shéi chīfàn
你跟谁吃饭？
니 껀 셰이 츠판

넌 정말 잘생겼어.
ⓥ
你真帅。Nǐ zhēn shuài.

15 为什么·谁

为什么 ● '왜'라는 뜻을 지닌 말로 이유를 물어볼 때 쓰는 표현입니다. 특별히 어순이 바뀌지 않고 우리말 순서대로 주어 앞이나 뒤에 써 주면 된답니다. '为什么 wèishénme' 자체가 의문의 뜻을 갖고 있으므로 문장 맨 끝에 吗는 쓰지 않습니다.

꼼꼼하게 읽어 보고
오래오래 기억하기

你为什么喝酒? Nǐ wèishénme hējiǔ? 넌 왜 술을 마셔?
今天为什么没有课? Jīntiān wèishénme méiyǒu kè? 오늘 왜 수업이 없어?

回家 ● '집에 돌아가다'라는 뜻입니다. 여기에서 '回 huí'는 '되돌리다, 되돌아가다' 등의 뜻을 가진 동사이지요. 중국어로 '집에 간다'고 할 때는 '가다'라고 표현하지 않고 '돌아가다'라고 씁니다. 즉, '去家 qù jiā'라는 표현은 쓰지 않으니 주의하세요. 이와 동일하게 '귀국하다' 역시 '去国 qùguó'라고 하지 않고 '回国 huí guó'라고 해야 합니다.

谁 ● '누구'라는 뜻을 지닌 의문사입니다. 앞에서 배웠던 '什么 shénme'나 '哪儿 nǎr'과 마찬가지로 의문문에 쓰이고요, 어순은 바뀌지 않습니다. 일반적으로는 shéi라고 발음하지만, shuí라고 발음해도 됩니다.

你是谁? Nǐ shì shéi? 당신은 누구세요?
谁有铅笔? Shéi yǒu qiānbǐ? 누가 연필을 갖고 있니?
你跟谁说了? Nǐ gēn shéi shuō le? 너 누구한테 말했어?

跟~吃饭 ● 앞 과에서 배운 것처럼 '跟 gēn'은 '~와'라는 의미를 지닌 전치사입니다. 그러므로 '跟~吃饭 gēn~chīfàn'은 '~와 식사하다'라는 뜻이 되겠지요.

16 jǐ • 몇

① 오늘 **몇** 월 며칠이야?

② 지금 **몇** 시야?

③ 넌 중국 친구가 **몇** 명 있니?

④ 오늘 수업이 **몇** 시간 있어?

⑤ **몇** 시에 집에 돌아가?

몇	几 jǐ	월	月 yuè
일	号 hào	지금, 현재	现在 xiànzài
시	点 diǎn		

16

几

① Jīntiān jǐ yuè jǐ hào
今天几月几号？
진티엔 지 위에 지 하오

② Xiànzài jǐ diǎn
现在几点？
시엔짜이 지 디엔

큰 소리로 따라
말해 보기
071.mp3

③ Nǐ yǒu jǐ ge Zhōngguópéngyou
你有几个中国朋友？
니 여우 지 거 쭝구워 펑여우

④ Jīntiān yǒu jǐ jié kè
今天有几节课？
진티엔 여우 지 지에 크어

⑤ Nǐ jǐ diǎn huíjiā
你几点回家？
니 지 디엔 후웨이지아

원어민 표현
따라잡기
072.mp3

넌 정말 예뻐.
⑥
你真漂亮。 Nǐ zhēn piàoliang.

16 几

几 ● '몇'이라는 의미의 수사로 주로 의문문에서 수를 물어볼 때 많이 쓰입니다. 일반적으로 10 이하의 개수나 숫자를 물어볼 때 사용하지요. 의문문에 쓰일 경우 문장 맨 끝에 吗는 쓰지 않습니다.

> 你有几个中国朋友? Nǐ yǒu jǐ ge Zhōngguó péngyou?
> 넌 중국 친구가 몇 명 있니?
>
> 今天有几节课? Jīntiān yǒu jǐ jié kè?
> 오늘 수업이 몇 시간 있니?

几月几号? ● 날짜를 물어보는 표현으로, '몇 월 며칠'이라는 뜻입니다. 어순이 바뀌지 않으므로 문장 그대로 대답하면 됩니다. 중간에 '~이다'라는 뜻을 지닌 '是 shì'를 넣어도 괜찮습니다. 좀 더 다양한 날짜 표현법을 알고 싶다면 P. 266을 참고해 주세요.

> 今天几月几号? Jīntiān jǐ yuè jǐ hào? 오늘 몇 월 며칠이니?
> = 今天是几月几号? Jīntiān shì jǐ yuè jǐ hào?

几点 ● 시간을 물어보는 표현으로, '몇 시'라는 뜻입니다. 좀 더 다양한 시간 표현법을 알고 싶다면 P. 268을 참고해 주세요.

앞에서 배운 20마디를 이용해
회화 연습을 해 보세요.
한국어를 보고 중국어가 바로 튀어나오면
당신은 이미 중국어 고수!

실전 생생 연습 一	A 너 어제 왜 안 왔니? B 나는 친구 한 명과 밥을 먹었어. A 그가 누군데? 말 좀 해 줘. B 중국 친구야. 그는 나한테 매우 잘해 줘.

A 너 어제 왜 안 왔니?

　　Wǒ gēn yí ge péngyou chīfàn le
B 我跟一个朋友吃饭了。

A 그가 누군데? 말 좀 해 줘.

　　Shì yí ge Zhōngguó péngyou　Tā duì wǒ hěn hǎo
B 是一个中国朋友。他对我很好。

　　Nǐ zuótiān wèishénme méi lái
A 你昨天为什么没来?

B 나는 친구 한 명과 밥을 먹었어.

　　Tā shì shéi　Qǐng shuō yi shuō
A 他是谁? 请说一说。

B 중국 친구야. 그는 나한테 매우 잘해 줘.

실전	A 지금 몇 시야?
生生	B 지금 9시야. 너 오늘 수업 있니?
연습	A 난 오늘 수업이 세 시간 있어.
二	너 언제 집에 갈 거니?
	B 난 지금 집에 가.

074.mp3

A 지금 몇 시야?

B 现在九点。你今天有课吗?
   Xiànzài jiǔ diǎn   Nǐ jīntiān yǒu kè ma

A 난 오늘 수업이 세 시간 있어. 너 언제 집에 갈 거니?

B 我现在回家。
   Wǒ xiànzài huíjiā

A 现在几点?
   Xiànzài jǐ diǎn

B 지금 9시야. 너 오늘 수업 있니?

A 我今天有三节课。你什么时候回家?
   Wǒ jīntiān yǒu sān jié kè   Nǐ shénmeshíhou huíjiā

B 난 지금 집에 가.

흥미진진
차!
이!
나!

"현대 중국을 빛낸 인물들"

중국 베이징의 국가박물관에 가면 현대 중국을 빛낸 인물들의 밀랍인형 전시실이 있습니다. 오늘의 중국을 있게 한 중국의 대표적인 지도자들을 알아봅시다.

① 孙文 Sūn Wén **손문**
신해혁명으로 청나라가 막을 내린 뒤, 1912년 중화민국 임시 대통령으로 추대되었던 인물입니다. 현재 중국과 타이완에서 모두 중국의 국부(国父 guófù)로 존경받고 있습니다.

② 毛泽东 Máo Zédōng **모택동**
베이징의 중심 천안문 광장에 가면 중앙에 거대한 초상화가 걸려 있습니다. 이 초상화의 주인공이 바로 마오즈어뚱 주석이지요. 1949년 10월 1일 중화인민공화국이 건립된 후, 그는 우리나라의 대통령에 해당하는 주석(主席 zhǔxí)이 되었습니다.

③ 周恩来 Zhōu Ēnlái **주은래**
마오즈어뚱과 더불어 중화인민공화국을 세우고 초대 총리직을 맡아서 외교에 뛰어난 능력을 발휘한 지도자입니다. 지금까지도 많은 중국 사람들이 가장 존경하는 인물로 꼽을 만큼 훌륭한 인격을 지녔으며 중국의 근현대사에 큰 영향력을 끼친 인물입니다.

④ 邓小平 Dèng Xiǎopíng **등소평**
1980년대 이후 중국의 개혁개방을 주도하고 시장경제를 도입하여 오늘날 중국을 경제대국으로 이끈 지도자입니다. '검은 고양이든 흰 고양이든 쥐만 잘 잡으면 된다'는 유명한 발언으로 중국의 실용주의 정신을 대표하는 인물이지요.

买卖见穿

17 > 20
제목 미리 보기

买

17 mǎi · 사다, 구입하다

① 나는 책을 한 권 **샀어**.

② 넌 언제 **사**?

③ 넌 왜 안 **사**?

④ 넌 어디에서 옷을 **사니**?

⑤ 나는 상점에 가서 옷을 **사**.

사다, 구입하다 买 mǎi ~에서, ~에 있다 在 zài
옷 衣服 yīfu 상점 商店 shāngdiàn

买

① Wǒ mǎi le yì běn shū
我买了一本书。
워 마일 러 이 번 수

② Nǐ shénmeshíhou mǎi
你什么时候买?
니 션머스허우 마이

③ Nǐ wèishénme bùmǎi
你为什么不买?
니 웨이션머 뿌마이

④ Nǐ zài nǎr mǎi yīfu
你在哪儿买衣服?
니 짜이 나알 마이 이푸

⑤ Wǒ qù shāngdiàn mǎi yīfu
我去商店买衣服。
워 취 상띠엔 마이 이푸

꼭 만나. (약속 지킬 것을 강조하는 의미로 쓰는 말)
⑤
不见不散! Bú jiàn bú sàn!

买

买 ● '사다, 구입하다'라는 뜻의 동사입니다. 다른 동사와 마찬가지로 뒤에 목적어가 쓰여 '~을 사다'라는 뜻이 됩니다.

昨天你买了什么？ Zuótiān nǐ mǎi le shénme?
어제 뭘 샀니?

她什么时候买衣服？ Tā shénmeshíhou mǎi yīfu?
그녀는 언제 옷을 사?

我们一起去买书吧。 Wǒmen yìqǐ qù mǎi shū ba.
우리 같이 책 사러 가자.

在＋장소＋동사 ● '在 zài'는 두 가지 뜻을 갖고 있습니다. 하나는 '~에 있다'라는 뜻으로 '在＋장소'의 형태로 쓰이지요. 그리고 또 하나는 '~에서'라는 뜻으로 '在＋장소＋동사'의 형태로 쓰입니다. 여기에서는 '~에서'의 의미로 쓰였답니다.

他在家写信。 Tā zài jiā xiěxìn.
그는 집에서 편지를 써.

我们在餐厅吃饭，好不好？
Wǒmen zài cāntīng chīfàn, hǎo bu hǎo?
우리 식당에서 식사하자, 어때?

你在哪儿买衣服？ Nǐ zài nǎr mǎi yīfu?
넌 어디에서 옷을 사니?

卖

18 mài • 팔다

① 나는 책을 두 권 팔았어.

② 넌 언제 파니?

③ 넌 왜 팔지 않았어?

④ 어디에서 치파오를 파니?

⑤ 그는 백화점에서 모자를 팔아.

팔다   卖 mài   치파오   旗袍 qípáo(중국 여성이 입는 전통의상)
백화점   百货公司 bǎihuògōngsī   모자   帽子 màozi

卖

① Wǒ mài le liǎng běn shū
我**卖**了两本书。
워 마일 러 량 번 수

② Nǐ shénmeshíhou mài
你什么时候**卖**?
니 션머스허우 마이

③ Nǐ wèishénme méi mài
你为什么没**卖**?
니 웨이션머 메이 마이

④ Zài nǎr mài qípáo
在哪儿**卖**旗袍?
짜이 나알 마이 치파오

⑤ Tā zài bǎihuògōngsī mài màozi
他在百货公司**卖**帽子。
타 짜이 바이후워꽁쓰 마이 마오즈

부자 되세요! (새해 인사)
ⓥ
恭喜发财! Gōngxǐ fācái!

卖

卖 ● '팔다'라는 뜻을 가진 동사로, 앞 과에서 배운 '买 mǎi'와는 정반대의 뜻입니다. 재미있게도 이 두 동사는 성조만 다르고 발음이 같답니다. 그러므로 발음할 때 성조에 특히 주의하세요. 부정과 시제에 따른 표현도 복습해 봅시다.

卖 mài 팔다 → 卖了 mài le 팔았다
卖 mài 팔다 ↔ 不卖 bú mài 팔지 않는다
卖了 mài le 팔았다 ↔ 没卖 méi mài 팔지 않았다

▶ 문장 확장 연습

我买。 나는 산다.
Wǒ mǎi.

我买书。 나는 책을 산다.
Wǒ mǎi shū.

我去书店买书。 나는 서점에 가서 책을 산다.
Wǒ qù shūdiàn mǎi shū.

我昨天去书店买书了。 나는 어제 서점에 가서 책을 샀다.
Wǒ zuótiān qù shūdiàn mǎi shū le.

我昨天跟朋友一起去书店买书了。 나는 어제 친구와 함께 서점에 가서 책을 샀다.
Wǒ zuótiān gēn péngyou yìqǐ qù shūdiàn mǎi shū le.

・书店 shūdiàn 서점

见

19 jiàn • 만나다

① 오래간만이야(오랫동안 못 **만났다**)!

② 너희들은 언제 **만나니**?

③ 너는 어디에서 그를 **만나니**?

④ 나는 그를 **만날** 시간이 없어.

⑤ 우리 내일 교문 앞에서 **만나자**.

만나다　见 jiàn
만나다　见面 jiànmiàn
입구　门口 ménkǒu

오래간만이야　好久不见 hǎojiǔbújiàn
시간　时间 shíjiān

19
见

① **Hǎojiǔbújiàn**
好久不见!
하오지어우부지엔

② **Nǐmen shénmeshíhou jiànmiàn**
你们什么时候见面?
니먼 션머스허우 지엔미엔

③ **Nǐ zài nǎr jiàn tā**
你在哪儿见他?
니 짜이 나알 지엔 타

④ **Wǒ méiyǒu shíjiān jiàn tā**
我没有时间见他。
워 메이여우 스지엔 지엔 타

⑤ **Wǒmen míngtiān zài xuéxiào ménkǒu jiàn ba**
我们明天在学校门口见吧。
워먼 밍티엔 짜이 쉬에시아오 먼커우 지엔 바

모든 일이 다 잘되시길. (새해 인사)
😉
万事如意! Wànshì rúyì!

95

19 见

见과 见面 ● '만나다'라는 뜻의 두 동사는 그 의미가 동일하지만 쓰임은 조금 다릅니다. 예를 들어 '나는 그와 만났다'라고 할 때 각각 다음과 같이 표현해야 합니다.

我见他了。 Wǒ jiàn tā le.
我跟他见面了。 Wǒ gēn tā jiànmiàn le.
=我见了他的面。 Wǒ jiàn le tā de miàn.

'见 jiàn'은 '见+사람'의 형태로 쓸 수 있지만 '见面 jiànmiàn'은 직역하면 '얼굴을 만나다'라는 뜻으로 단어 안에 이미 목적어가 들어 있답니다. 그러므로 뒤에 목적어가 올 수 없고 '跟+사람+见面' 또는 '见+사람+的面'의 형식으로 써야 한다는 사실을 꼭 기억합시다.

没有+명사+동사 ● 한국어와는 약간 다른 어순이라 조금 낯설지만 중국어에서는 매우 자주 쓰이는 표현 방식입니다. 마치 수학 공식처럼 예외 없이 적용되는 문장 형식이니 일단 익혀 두면 아주 유용하게 활용할 수 있을 거예요.
즉, '나는 그를 만날 시간이 없다'를 중국어로 표현하려면 '나는+시간이 없다+그를 만날'의 순서로 말해야 합니다. 다른 예로, '나는 먹을 밥이 없다'라는 문장은 '나는+밥이 없다+먹을'의 순서로 말해야 하지요. 앞으로도 계속 나올 표현 형식이므로 잘 기억해 둡시다.

我没有时间见他。 Wǒ méiyǒu shíjiān jiàn tā.
나는 그를 만날 시간이 없어. (나는+시간이 없다+그를 만날)

我没有饭吃。 Wǒ méiyǒu fàn chī.
나는 먹을 밥이 없어. (나는+밥이 없다+먹을)

穿

20 chuān · 입다, 신다

① 넌 왜 양말을 **신지** 않니?

② 나는 **입을** 옷이 없어.

③ 그녀가 **입은** 옷은 매우 예쁘구나.

④ 나는 어떻게 **입는** 게 좋을까?

⑤ 밖이 추우니까 옷을 많이 **입어라**.

입다, 신다	穿 chuān	양말	袜子 wàzi
예쁘다	漂亮 piàoliang	바깥, 밖	外面 wàimiàn
춥다, 차다	冷 lěng	많다, 많이, 얼마나	多 duō

穿

① Nǐ wèishénme bùchuān wàzi
你为什么不穿袜子？
니 웨이션머 뿌촨 와즈

② Wǒ méiyǒu yīfu chuān
我没有衣服穿。
워 메이여우 이푸 촨

③ Tā chuān de yīfu hěn piàoliang
她穿的衣服很漂亮。
타 촨 더 이푸 흔 피아올량

④ Wǒ zěnme chuān hǎo ne
我怎么穿好呢？
워 쩐머 촨 하오 너

⑤ Wàimiàn lěng duō chuān yīfu ba
外面冷，多穿衣服吧。
와이미엔 렁 뚜워 촨 이푸 바

해마다 평안하시길. (새해 인사)
岁岁平安。Suìsuì píng'ān.

20 穿

(没)有＋명사＋동사 ● 지난 19과에서 배웠던 표현 형식입니다. 마치 수학 공식처럼 예외 없이 적용되는 문장 형식을 다시 한 번 복습해 봅시다. '나는 옷을 살 돈이 없다'를 중국어로 표현할 때는 '나는＋돈이 없다＋옷을 살'의 순서로 말해야 한다는 거 잊지 않으셨죠? 물론 '有＋명사＋동사'도 똑같은 구조입니다.

我没有时间见他。 Wǒ méiyǒu shíjiān jiàn tā.
나는 그를 만날 시간이 없어. (나는＋시간이 없다＋그를 만날)

我没有衣服穿。 Wǒ méiyǒu yīfu chuān.
나는 입을 옷이 없어. (나는＋옷이 없다＋입을)

我有话跟你说。 Wǒ yǒu huà gēn nǐ shuō.
나는 너한테 할 말이 있어. (나는＋말이 있다＋너에게 할)

多＋동사 ● '多 duō'는 '많다, 많이, 얼마나, 얼마만큼' 등 아주 다양한 의미를 갖고 있습니다. 여기에서는 동사 앞에 놓여서 '많이'라는 의미를 나타냅니다.

多穿 Duō chuān. 많이 입어.
多吃 Duō chī. 많이 먹어.
多听 Duō tīng. 많이 들어.
多看 Duō kàn. 많이 봐.

앞에서 배운 20마디를 이용해
회화 연습을 해 보세요.
한국어를 보고 중국어가 바로 튀어나오면
당신은 이미 중국어 고수!

실전
생생
연습
一

A 너 어제 옷 샀어?
B 아니.
A 왜 옷 안 샀니?
B 살 시간이 없어서.

A 너 어제 옷 샀어?

B 没有。
Méiyǒu

A 왜 옷 안 샀니?

B 我没有时间买。
Wǒ méiyǒu shíjiān mǎi

A 你昨天买衣服了吗?
Nǐ zuótiān mǎi yīfu le ma

B 아니.

A 你为什么没买衣服?
Nǐ wèishénme méi mǎi yīfu

B 살 시간이 없어서.

실전	A 오래간만이야!
생생	B 오래간만이야! 너 어제 왜 안 왔니?
연습	A 나는 서점에 책 사러 갔기 때문에
二	거기 갈 시간이 없었어.

A 오래간만이야!

B **Hǎojiǔbújiàn** **Nǐ zuótiān wèishénme méi lái**
好久不见! 你昨天为什么没来?

A 나는 서점에 책 사러 갔기 때문에 거기 갈 시간이 없었어.

A **Hǎojiǔbújiàn**
好久不见!

B 오래간만이야! 너 어제 왜 안 왔니?

A **Wǒ qù shūdiàn mǎi shū le, méiyǒu shíjiān qù nàr**
我去书店买书了, 没有时间去那儿。

101

흥미진진 차!이!나!

"중국 사람들이 사랑하는 숫자, 싫어하는 숫자"

2008년 베이징 올림픽 개막식이 2008년 8월 8일 저녁 8시 8분에 열렸다는 사실을 알고 계시나요? 이처럼 중국 사람들은 숫자 8을 특별히 좋아한답니다.
알고 보면 중국 사람들은 숫자를 상당히 중시하는 경향이 있습니다. 그렇다면 중국인들이 특별히 중요하게 생각하는 숫자들을 몇 가지만 살펴볼까요?

- 8 중국인들의 8에 대한 사랑은 아주 유별납니다. 실제로 숫자 8이 많이 들어간 자동차 번호판이나 전화번호 등은 웃돈을 주고도 구하기 힘든 경우가 많답니다. 이처럼 중국인들이 8을 특별히 사랑하는 건 바로 8을 나타내는 중국어인 八 bā 의 발음이 '돈을 벌다'라는 뜻의 중국어 단어 '发财 fācái'의 동사 '发 fā'의 발음과 비슷하기 때문입니다. 즉, 8이 많을수록 돈을 많이 벌게 될 거라고 생각하는 것이지요.

- 9 중국 사람들이 8 다음으로 사랑하는 숫자는 바로 9입니다. 9를 나타내는 중국어인 九 jiǔ가 '오래 살다, 장수하다'라는 의미의 '久 jiǔ'와 발음이 같기 때문입니다.

- 6 위의 두 이유와 비슷하게 6 역시 사랑받는 숫자입니다. 즉, '六 liù'가 '순조롭다'는 의미의 '流 liú'와 발음이 비슷하기 때문이지요.

- 4, 7 이와는 반대로 중국 사람들이 싫어하는 숫자는 4와 7입니다. 4는 四 sì의 발음이 '죽다'라는 뜻을 가진 '死 sǐ'와 비슷하기 때문이랍니다. 이는 우리나라와도 비슷하지요? 또한 7은 '七 qī'의 발음이 '화를 내다'라는 뜻을 가진 '生气 shēngqì'의 '气 qì'와 비슷하다는 이유로 역시 좋아하지 않습니다.

学 教 叫 借

学

21 xué ● 배우다, 공부하다

① 우리 같이 배우자, 어때?

② 넌 누구에게 영어를 배우니?

③ 넌 어디에서 중국어를 배우니?

④ 중국어를 배우는 것은 매우 재미있어.

⑤ 나는 인터넷에서 일본어를 배워.

배우다, 공부하다 学 xué	영어 英语 Yīngyǔ
중국어 汉语 Hànyǔ	재미있다 有意思 yǒuyìsi
인터넷 网 wǎng	일본어 日语 Rìyǔ

① Wǒmen yìqǐ xué hǎo ma
我们一起学，好吗？

② Nǐ gēn shéi xué Yīngyǔ
你跟谁学英语？

③ Nǐ zài nǎr xué Hànyǔ
你在哪儿学汉语？

④ Xué Hànyǔ hěn yǒuyìsi
学汉语很有意思。

⑤ Wǒ zài wǎngshàng xué Rìyǔ
我在网上学日语。

잘 부탁드립니다.

请多多指教。Qǐng duōduō zhǐjiào.

学

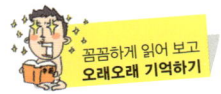

跟~学 ● 이미 앞에서 배웠듯이 '跟 gēn'은 '~와'라는 뜻을 가진 전치사입니다. 하지만 특이하게도 '跟~学 gēn~xué'는 '~와 배우다'가 아닌 '~에게 배우다'라는 뜻이 된답니다. 즉, '~에게 가르침을 받다'라는 의미인 것이지요. 跟의 조금 다른 쓰임, 기억해 두세요.

他跟我说。 Tā gēn wǒ shuō.
그는 나에게 말한다.

我跟他见面。 Wǒ gēn tā jiànmiàn.
나는 그와 만난다.

我跟他一起去买衣服。 Wǒ gēn tā yìqǐ qù mǎi yīfu.
나는 그와 함께 옷을 사러 간다.

我跟他学汉语。 Wǒ gēn tā xué Hànyǔ.
나는 그에게 중국어를 배운다.

在网上 ● '网 wǎng'은 원래 '그물'이라는 뜻을 가진 단어이지만, 지금은 '인터넷, 네트워크' 등의 뜻으로 더 자주 쓰입니다. 인터넷이나 네트워크가 그물처럼 촘촘하게 짜여진 조직이기에 파생된 어휘라고 할 수 있지요. 그러므로 '在网上 zài wǎngshàng'은 '그물 위에서'가 아닌 '인터넷 상에서'라고 해석하는 게 맞습니다. 참고로 '인터넷에 접속하다'는 '인터넷 위에 오르다'라는 의미로 '上网 shàngwǎng'이라고 한답니다.

我在网上买衣服。 Wǒ zài wǎngshàng mǎi yīfu.
나는 인터넷에서 옷을 사.

我昨天上网买了三本书。
Wǒ zuótiān shàngwǎng mǎi le sān běn shū.
나는 어제 인터넷에 접속해서 책 세 권을 샀어.

22 jiāo • 가르치다

① 나는 중국어를 가르쳐.

② 그는 어디에서 일본어를 가르치니?

③ 김 선생님은 우리에게 노래하는 것을 가르쳐 주셔.

④ 나에게 어떻게 하는지를 가르쳐 줘.

⑤ 나는 인터넷에서 중국어를 가르쳐.

가르치다　教 jiāo　　　　　노래하다　唱 chàng
노래　歌 gē

教

① Wǒ jiāo Hànyǔ
我**教**汉语。

② Tā zài nǎr jiāo Rìyǔ
他在哪儿**教**日语?

③ Jīn lǎoshī jiāo wǒmen chànggē
金老师**教**我们唱歌。

④ Qǐng jiāo wǒ zěnme zuò
请**教**我怎么做。

⑤ Wǒ zài wǎngshàng jiāo Hànyǔ
我在网上**教**汉语。

당신을 알게 되어 매우 기뻐요.
认识你很高兴。Rènshi nǐ hěn gāoxìng.

教 ● '가르치다'라는 뜻을 가진 동사로, '学 xué'와는 반대의 의미를 갖고 있습니다. '教 jiāo'는 지금까지 배웠던 동사와는 조금 다른 어순으로 쓰입니다. 즉, 전치사를 따로 넣을 필요 없이 바로 뒤에 간접목적어와 직접목적어를 연달아 붙이면 됩니다. 영어와 비슷한 어순이라고 할 수 있지요. 순서는 '教+~에게(간접목적어)+~을(직접목적어)'입니다.

> 她教我们汉语。Tā jiāo wǒmen Hànyǔ.
> 그녀는 우리들에게 중국어를 가르쳐 준다.
>
> 谁教你唱歌? Shéi jiāo nǐ chànggē?
> 누가 너에게 노래하는 걸 가르쳐 주니?
>
> 你为什么没教我英语? Nǐ wèishénme méi jiāo wǒ Yīngyǔ?
> 넌 왜 나한테 영어를 가르쳐 주지 않았니?

의문문 복습 ● 지금까지 의문문을 만드는 방법을 몇 가지 배웠죠. 그중 몇 가지만 복습해 볼까요?

> ~吗? ma? ~입니까?
> 你是韩国人吗? Nǐ shì Hánguórén ma? 너는 한국인이니?
>
> ~不~? ~bu~? ~인가요, 아닌가요?
> 你来不来? Nǐ lái bu lái? 너는 오니, 안 오니?
>
> 有没有? yǒu méiyǒu? ~가 있나요, 없나요?
> 你有没有男朋友? Nǐ yǒu méiyǒu nánpéngyou? 너는 남자친구가 있니, 없니?
>
> 什么 shénme 무엇
> 这是什么? Zhè shì shénme? 이건 뭐야?
>
> 哪儿 nǎr 어디
> 你去哪儿? Nǐ qù nǎr? 너 어디 가니?

叫

23 jiào ● 부르다, 불리다

① 아빠가 너희들을 불러.

② 넌 이름이 뭐니?

③ 나를 '시아오 리'라고 불러 줘.

④ 이 과일은 뭐라고 부르니?

⑤ 아무도 그를 '시아오 리'라고 부르지 않아.

부르다, 불리다	叫 jiào	아빠	爸爸 bàba
이름	名字 míngzi	군, 양	小 xiǎo (자신보다 어린 사람에 대한 친근감을 나타냄)
종류 [양사]	种 zhǒng	과일	水果 shuǐguǒ

叫

① Bàba jiào nǐmen
  爸爸**叫**你们。

② Nǐ jiào shénme míngzi
  你**叫**什么名字？

③ Qǐng jiào wǒ Xiǎo Lǐ
  请**叫**我小李。

④ Zhè zhǒng shuǐguǒ jiào shénme
  这种水果**叫**什么？

⑤ Méiyǒu rén jiào tā Xiǎo Lǐ
  没有人**叫**他小李。

생일 축하합니다!

⑥ 祝你生日快乐! Zhù nǐ shēngrì kuàilè!

23
叫

叫 ● '부르다, 불리다' 등 여러 가지 뜻을 갖고 있는 동사입니다.

叫+누구(인칭대명사 등) : ~를 부르다
他在外面叫你。 Tā zài wàimiàn jiào nǐ. 그가 밖에서 널 불러.

叫+호칭 : ~라고 불리다
我叫金美京。 Wǒ jiào Jīn Měijīng. 나는 김미경이라고 해.

叫+누구+호칭 : ~를 ~라고 부르다
请叫我金美京。 Qǐng jiào wǒ Jīn Měijīng.
나를 김미경이라고 불러 주세요.

小 ● 동년배나 자신보다 어린 사람의 성 앞에 붙여서 친근함을 나타내는 말입니다. 굳이 한국어로 번역을 한다면 '군, 양'과 비슷한 의미로 볼 수 있죠. 즉, 성이 김(金)이면 '小金 Xiǎo Jīn', 성이 이(李)이면 '小李 Xiǎo Lǐ', 그리고 왕(王)이면 '小王 Xiǎo Wáng'으로 쓰면 됩니다. 친구들끼리 가볍게 부르는 애칭으로 흔히 쓰인답니다.

没有+명사+동사 ● 이미 여러 번 등장했던 문장 형식입니다. 기억을 되살려서 다시 한 번 복습해 볼까요?

我没有时间见他。 Wǒ méiyǒu shíjiān jiàn tā.
나는 그를 만날 시간이 없어. (나는+시간이 없다+그를 만날)

我没有衣服穿。 Wǒ méiyǒu yīfu chuān.
나는 입을 옷이 없어. (나는+옷이 없다+입을)

没有人叫他小李。 Méiyǒu rén jiào tā Xiǎo Lǐ.
아무도 그를 '시아오 리'라고 부르지 않아. (사람이 없다+그를 시아오 리라고 부르는)

借

24 jiè ● 빌리다, 빌려 주다

① 누가 네 돈을 빌리니?

② 그것은 내가 빌린 것이 아니야.

③ 그가 빌린 컴퓨터는 내 것이야.

④ 나는 도서관에 가서 책 한 권을 빌렸어.

⑤ 네 컴퓨터 좀 빌려 줘.

빌리다, 빌려 주다	借 jiè	돈	钱 qián
컴퓨터	电脑 diànnǎo	도서관	图书馆 túshūguǎn

借

① Shéi jiè nǐ de qián
谁借你的钱？

② Nà búshì wǒ jiè de
那不是我借的。

③ Tā jiè de diànnǎo shì wǒ de
他借的电脑是我的。

④ Wǒ qù túshūguǎn jiè le yì běn shū
我去图书馆借了一本书。

⑤ Jiè yíxià nǐ de diànnǎo
借一下你的电脑。

그렇고말고!
ⓥ
可不是! Kě búshì!

24 借

~的 ● 우리가 알고 있는 '~的 de'는 '~의, ~한' 등의 의미로 명사를 꾸며 줄 때 쓰는 말입니다. 그런데 이번 과에서는 또 하나의 새로운 의미가 등장합니다. 즉, 뒤에 的를 붙여서 명사로 만들어 주는 역할을 한답니다. 영어처럼 명사형이 따로 있는 게 아니라 뒤에 的가 붙으면 그 자체가 명사로 바뀌는 것이지요. 예를 들어 我에 的를 붙여서 '我的 wǒ de'라고 하면 '내 것', 买에 的를 붙여서 '买的 mǎi de'라고 하면 '산 것'이라는 뜻이 됩니다. 자주 쓰이는 표현 방식이니 잘 기억해 둡시다.

꼼꼼하게 읽어 보고
오래오래 기억하기

> 这是我的。 Zhè shì wǒ de.
> 이건 내 거야.
>
> 他借的电脑是我的。 Tā jiè de diànnǎo shì wǒ de.
> 그가 빌린 컴퓨터는 내 거야.
>
> 这个电脑是你买的吗？ Zhège diànnǎo shì nǐ mǎi de ma?
> 이 컴퓨터는 네가 산 거니?

동사＋一下 ● '一下 yíxià'는 동사 뒤에 놓여서 '좀 ~해 보다'라는 뜻으로 쓰입니다. 예전에 배웠던 '동사＋동사' 또는 '동사＋一＋동사' 형식과도 같은 의미랍니다. 구어체에서 많이 쓰는 표현이므로 많이 연습해 보세요.

- 看看 kànkan = 看一看 kàn yi kàn = 看一下 kàn yíxià
  한번 좀 보다
- 听听 tīngting = 听一听 tīng yi tīng = 听一下 tīng yíxià
  좀 들어 보다
- 说说 shuōshuo = 说一说 shuō yi shuō = 说一下 shuō yíxià
  좀 말해 보다

앞에서 배운 20마디를 이용해
회화 연습을 해 보세요.
한국어를 보고 중국어가 바로 튀어나오면
당신은 이미 중국어 고수!

실전	A 너는 어디에서 중국어를 배우니?
생생	B 나는 학교에서 중국어를 배워.
연습	중국어를 배우는 건 매우 재미있어.
—	A 너는 누구한테 중국어를 배우니?
	B 나는 김 선생님한테 중국어를 배워.
	선생님은 나에게 매우 잘해 주셔.

109.mp3

A 너는 어디에서 중국어를 배우니?

B 我在学校学汉语。学汉语很有意思。
Wǒ zài xuéxiào xué Hànyǔ　Xué Hànyǔ hěn yǒuyìsi

A 너는 누구한테 중국어를 배우니?

B 我跟金老师学汉语。老师对我很好。
Wǒ gēn Jīn lǎoshī xué Hànyǔ　Lǎoshī duì wǒ hěn hǎo

A 你在哪儿学汉语?
Nǐ zài nǎr xué Hànyǔ

B 나는 학교에서 중국어를 배워.
중국어를 배우는 건 매우 재미있어.

A 你跟谁学汉语?
Nǐ gēn shéi xué Hànyǔ

B 나는 김 선생님한테 중국어를 배워.
선생님은 나에게 매우 잘해 주셔.

실전	A 나는 인터넷에서 중국어를 가르쳐.
생생	B 나한테 중국어를 가르쳐 줘, 어때?
연습	A 좋아. 너 언제 시간이 있어?
二	

110.mp3

A 나는 인터넷에서 중국어를 가르쳐.

B 请教我汉语，好吗？
　Qǐng jiāo wǒ Hànyǔ, hǎo ma

A 좋아, 너 언제 시간이 있어?

A 我在网上教汉语。
　Wǒ zài wǎngshàng jiāo Hànyǔ

B 나한테 중국어를 가르쳐 줘, 어때?

A 好，你什么时候有时间？
　Hǎo, nǐ shénmeshíhou yǒu shíjiān

흥미진진
차!
이!
나!

"중국에서 대학 가기"

중국에도 우리나라처럼 수능이 있을까요?

네, 중국에도 우리나라와 마찬가지로 수능 같은 대입시험이 존재한답니다. 중국의 수능은 '高考 gāokǎo'라고 부릅니다.

'高考 gāokǎo'는 우리나라와는 달리 매년 6월에 2~3일에 걸쳐 실시되며, 시험 과목은 '3과목+종합평가+1과목'의 형식으로 구성되어 있습니다. 첫 번째 세 과목은 문화기초 과목으로 국어(중국어), 수학, 외국어(영어, 일어, 러시아어, 프랑스어, 독일어, 스페인어)이고요. 종합평가는 말 그대로 종합능력평가로서 이과용과 문과용 두 가지로 나뉘어 있습니다. 그리고 마지막으로 한 과목은 문과생의 경우 정치, 역사, 지리 중 택 1, 이과생은 물리, 화학, 생물 중에서 택 1을 합니다.

이를 반영하는 비율은 대학의 종류에 따라 조금 달라서 일반 대학의 경우에는 5과목 680점 만점이고요, 전문대는 4과목 480점 만점이랍니다.

형태는 조금 다를 수 있지만 좋은 대학에 진학하기 위해서 치열한 경쟁률을 뚫어야 한다는 점은 우리나라와 크게 다르지 않습니다. 이처럼 결코 쉽지 않은 고3의 긴 터널을 지나야 하는 우리나라와 중국의 수험생들이 겪는 심적인 스트레스 또한 참 많이 닮았을 것이라 짐작됩니다.

哪儿·哪
多少
坐
等

25 〉 28
제목 미리 보기

哪儿・哪

25 nǎr ● 어느곳　　nǎ ● 어느

① 너의 고향은 **어디**니?

② 넌 **어디**에서 물건을 사니?

③ 넌 **어디**에서 일하니?

④ 넌 **어느** 나라 사람이니?

⑤ **어느** 옷이 가장 예뻐?

어느　哪 nǎ
물건, 사람　东西 dōngxi
옷(벌), 일(건)을 세는 단위 [양사]　件 jiàn

고향　老家 lǎojiā
일하다, 작업하다, 직업, 일　工作 gōngzuò
가장　最 zuì

25 哪儿 / 哪

① Nǐ lǎojiā zài **nǎr**
你老家在**哪儿**?

② Nǐ zài **nǎr** mǎi dōngxi
你在**哪儿**买东西?

③ Nǐ zài **nǎr** gōngzuò
你在**哪儿**工作?

④ Nǐ shì **nǎ** guó rén
你是**哪**国人?

⑤ **Nǎ** jiàn yīfu zuì piàoliang
哪件衣服最漂亮?

어떻게 그럴 수가 있어?
ⓨ
怎么会呢? Zěnme huì ne?

25
哪儿 · 哪

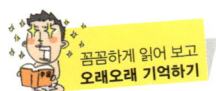

哪儿과 哪 ● 3과에 이미 나왔던 '哪儿 nǎr'과 이번에 새로 나온 '哪 nǎ'는 조금 다른 의미를 갖고 있습니다. 즉, '哪儿 nǎr'은 장소를 묻는 표현으로 '어디'라는 뜻인 데 비해 '哪 nǎ'는 명사 앞에 놓여서 '어느'라는 의미로 쓰이지요. 또한 이와 연관 지어서 '这儿 zhèr'과 '那儿 nàr'은 각각 '여기, 이곳'과 '저기, 저곳'을 가리키는 대명사로 쓰입니다. 이 중에서도 '哪儿 nǎr'과 '那儿 nàr'은 성조만 다를 뿐 발음이 같으므로 헷갈리지 않도록 주의합시다.

哪一个是你的电脑? Nǎ yí ge shì nǐ de diànnǎo?
어느 것이 네 컴퓨터야?

昨天你去哪儿了? Zuótiān nǐ qù nǎr le?
어제 너 어디 갔었니?

我们明天在这儿见面吧。 Wǒmen míngtiān zài zhèr jiànmiàn ba.
우리 내일 여기에서 만나자.

在 ● 지난 17과에 나왔던 '在 zài'의 두 가지 뜻을 다시 복습해 봅시다.

在+장소 : ~에 있다

在+장소+동사 : ~에서 ~하다

[~에 있다] 他在餐厅。 Tā zài cāntīng.
그는 식당에 있다.

[~에서 ~하다] 我们在餐厅吃饭，好不好?
Wǒmen zài cāntīng chīfàn, hǎo bu hǎo?
우리 식당에서 밥 먹자. 어때?

[~에서 ~하다] 你在哪儿买衣服? Nǐ zài nǎr mǎi yīfu?
너는 어디에서 옷을 사니?

[~에서 ~하다] 你在哪儿工作? Nǐ zài nǎr gōngzuò?
너는 어디에서 일하니?

多少

26 duōshao ● 얼마, 몇

① 전부 얼마예요?

② 하루에 얼마야?

③ 넌 지금 돈을 얼마나 갖고 있니?

④ 넌 친구가 몇 명 있니?

⑤ 너의 전화번호가 몇 번이야?

얼마, 몇	多少 duōshao	모두, 전부	一共 yígòng
얼마예요?	多少钱 duōshaoqián	하루	一天 yì tiān
전화번호	电话号码 diànhuàhàomǎ		

多少

① Yígòng duōshaoqián
一共多少钱?

② Yì tiān duōshaoqián
一天多少钱?

③ Nǐ xiànzài yǒu duōshaoqián
你现在有多少钱?

④ Nǐ yǒu duōshao péngyou
你有多少朋友?

⑤ Nǐ de diànhuàhàomǎ shì duōshao
你的电话号码是多少?

정말 싫어!
⑦
真讨厌! Zhēn tǎoyàn!

多少

一共 ● 우리말로는 '모두'라고 해석되지만 일반적인 범위를 가리킬 때 쓰는 '모두'가 아니라 '총합, 합계'의 의미를 갖고 있는 '모두'에만 쓰이는 말입니다. 주로 총합계, 총 인원수 등을 표현할 때 쓰입니다.

一共多少钱? Yígòng duōshaoqián?
모두 합해서 얼마예요?

一共几个人去中国? Yígòng jǐ ge rén qù Zhōngguó?
총 몇 명이 중국에 가니?

多少钱? ● '多少 duōshao'는 여러 가지 뜻을 가지고 있지만, 여기에서는 '얼마, 몇'이라는 의미의 대명사로 쓰였습니다. 주로 그 수를 물어볼 때 쓰이지요. 그렇다면 역시 숫자를 물어보는 '몇'이라는 뜻의 '几 jǐ'와는 어떻게 다를까요? 일반적으로 几는 10 이하에, 多少는 10 이상이나 그 수가 명확하지 않을 때 더 많이 쓰인답니다. 특히 돈이 얼마인지 물어볼 때는 '几钱? jǐ qián?' 이 아닌 '多少钱? duōshaoqián?'이라고 해야 합니다.

你买了几个苹果? Nǐ mǎi le jǐ ge píngguǒ?
넌 사과를 몇 개 샀니?

他借了几本书? Tā jiè le jǐ běn shū?
그는 책을 몇 권 빌렸니?

这个苹果多少钱一个? Zhège píngguǒ duōshaoqián yí ge?
이 사과는 한 개에 얼마예요?

坐

27 zuò • 앉다, 타다

① 잠시 앉으세요.

② 앉을 곳이 없네.

③ 넌 뭘 타고 출근하니?

④ 나는 매일 버스를 타고 출근해.

⑤ 우리 비행기를 타고 가자.

앉다, 타다   坐 zuò
장소, 곳, 자리   地方 dìfang
매일   每天 měitiān
비행기   飞机 fēijī

잠시, 잠깐 동안   一会儿 yíhuìr
출근하다   上班 shàngbān
버스   巴士 bāshì

坐

① Qǐng zuò yíhuìr
请坐一会儿。

② Méiyǒu dìfang zuò
没有地方坐。

③ Nǐ zuò shénme shàngbān
你坐什么上班?

④ Wǒ měitiān zuò bāshì shàngbān
我每天坐巴士上班。

⑤ Wǒmen zuò fēijī qù ba
我们坐飞机去吧。

누가 아니래!
谁说不是呢! Shéi shuō búshì ne!

坐

坐 ● '앉다, 타다'의 뜻을 지닌 말입니다. 버스, 택시, 비행기 등 대부분의 교통수단 앞에 붙여 '~을 타다'라는 뜻으로 쓰입니다. 교통수단에 대한 설명은 P. 272를 참고하세요.

坐巴士 zuò bāshì 버스를 타다
坐飞机 zuò fēijī 비행기를 타다
你每天坐什么上班? Nǐ měitiān zuò shénme shàngbān?
넌 매일 뭘 타고 출근하니?

一会儿 ● 아주 짧은 시간을 나타내는 말로 '잠깐 동안, 잠시' 등의 뜻으로 해석됩니다. 이외에도 몇 개의 의미가 더 있지만 '잠깐 동안'의 뜻으로 쓰일 때는 동사 뒤에 놓인답니다.

请坐一会儿。Qǐng zuò yíhuìr.
잠시 앉으세요.

我们在这儿坐一会儿，好不好?
Wǒmen zài zhèr zuò yíhuìr, hǎo bu hǎo?
우리 여기에 잠시 앉자, 어때?

上班 ● '출근하다'라는 뜻의 동사입니다. '퇴근하다'는 上 대신 '下 xià'를 넣어서 '下班 xiàbān'이라고 하면 되지요. 이는 '수업하다'라는 뜻의 동사에도 그대로 적용되어 '수업 시작하다'는 '上课 shàngkè', '수업 끝나다'는 '下课 xiàkè'라고 합니다.

明天你几点上班? Míngtiān nǐ jǐ diǎn shàngbān?
내일 몇 시에 출근해?

好，我们下课吧。Hǎo, wǒmen xiàkè ba.
좋아, 수업 끝내자.

等

28 děng ● 기다리다

① 잠시 기다려 주세요.

② 나는 그의 전화를 기다려.

③ 우리 여기에서 기다리자.

④ 나는 이미 한 시간 동안 기다렸어.

⑤ 나는 이미 20분 동안 기다렸어.

기다리다 等 děng	전화 电话 diànhuà
여기, 이곳 这儿 zhèr	~시간 동안 小时 xiǎoshí
~분 동안 分钟 fēnzhōng	

等

Qǐng děng yíhuìr
① 请等一会儿。

125.mp3

Wǒ děng tā de diànhuà
② 我等他的电话。

Wǒmen zài zhèr děng ba
③ 我们在这儿等吧。

Wǒ yǐjīng děng le yí ge xiǎoshí
④ 我已经等了一个小时。

Wǒ yǐjīng děng le èrshí fēnzhōng
⑤ 我已经等了二十分钟。

126.mp3

너 몇 살이니?
你几岁了? Nǐ jǐ suì le?
你多大了? Nǐ duō dà le?

연세가 어떻게 되세요?
你多大年纪了? Nǐ duō dà niánjì le?

等

等 ● '기다리다'라는 뜻을 가진 동사입니다. 等 뒤에 사람(목적어)이 나오면 '~를 기다리다'라는 뜻이 되고요, 뒤에 시간(보어)이 나오면 '~ 동안 기다리다'라는 의미가 된답니다.

我们一起等她吧。 Wǒmen yìqǐ děng tā ba.
우리 같이 그녀를 기다리자.

你等谁的电话? Nǐ děng shéi de diànhuà?
누구의 전화를 기다리니?

我等了三个小时。 Wǒ děng le sān ge xiǎoshí.
나는 세 시간 동안 기다렸어.

小时 & 分钟 ● 예전에 배웠던 내용 기억하시나요? 시각을 나타내는 말로 '点 diǎn'과 '分 fēn'이 있었지요. 즉, 4시 20분이라는 말은 '四点二十分 sì diǎn èrshí fēn'이라고 합니다. 이에 비해서 '小时 xiǎoshí'와 '分钟 fēnzhōng'은 시간의 길이를 나타냅니다. 즉, '~ 동안'의 의미를 가진 말이지요. 다양한 예문을 통해 반복 연습해 봅시다. 혹시 시간 표현이 생각 안 나시는 분은 P. 268을 한 번 더 복습하세요.

四点 sì diǎn 4시

四个小时 sì ge xiǎoshí 4시간 동안

两个小时 liǎng ge xiǎoshí 2시간 동안

五十分 wǔshí fēn 50분

五十分钟 wǔshí fēnzhōng 50분 동안

十分 shí fēn 10분

十分钟 shí fēnzhōng 10분 동안

我看了三个小时。 Wǒ kàn le sān ge xiǎoshí. 나는 세 시간 동안 봤어.

앞에서 배운 20마디를 이용해
회화 연습을 해 보세요.
한국어를 보고 중국어가 바로 튀어나오면
당신은 이미 중국어 고수!

| 실전
생생
연습
一 | A 너는 지금 돈이 얼마나 있니?
B 나는 돈이 없어. 너는?
A 나도 돈이 없어. 우리 어떻게 집에 가지?
B 잠시만 기다려. 내가 저기에 가서 돈을 빌릴게. |

127.mp3

A 너는 지금 돈이 얼마나 있니?

B Wǒ méiyǒu qián　Nǐ ne
　我没有钱。你呢？

A 나도 돈이 없어. 우리 어떻게 집에 가지?

B Qǐng děng yíhuìr,　wǒ qù nàr jièqián
　请 等一会儿，我去那儿借钱。

A Nǐ xiànzài yǒu duōshaoqián
　你现在有多少钱？

B 나는 돈이 없어. 너는?

A Wǒ yě méiyǒu qián　Wǒmen zěnme huíjiā
　我也没有钱。我们怎么回家？

B 잠시만 기다려. 내가 저기에 가서 돈을 빌릴게.

132

실전	A 너 매일 뭘 타고 출근하니?
生生	B 나는 매일 버스를 타고 출근해. 너는?
연습	A 나도 버스 타고 출근해.
二	B 우리 내일 같이 출근하자.

A 너 매일 뭘 타고 출근하니?

B 我每天坐巴士上班。你呢?
Wǒ měitiān zuò bāshì shàngbān Nǐ ne

A 나도 버스 타고 출근해.

B 我们明天一起上班吧。
Wǒmen míngtiān yìqǐ shàngbān ba

A 你每天坐什么上班?
Nǐ měitiān zuò shénme shàngbān

B 나는 매일 버스를 타고 출근해. 너는?

A 我也坐巴士上班。
Wǒ yě zuò bāshì shàngbān

B 우리 내일 같이 출근하자.

흥미진진
차!
이!
나!

"시아오황띠와 빠링허우가 뭘까요?"

세계 1위의 인구 대국인 중국은 갈수록 심각해지는 사회문제를 해결하고자 그동안 한 가정에 한 명의 자녀만 낳을 수 있는 강력한 인구 억제 정책을 시행해 왔습니다. 단, 소수민족 우대 정책의 일환으로 소수민족에 한해서, 또 부모가 모두 외동인 경우나 농촌 가구 등에 한해 자녀를 두 명까지 낳을 수 있도록 허용해 주었지요. 이처럼 강력한 인구 억제 정책은 실제로 인구 증가를 억제하는 효과를 거두긴 했지만 몇몇 부작용도 나타났습니다.

실제로 중국의 학교에 가 보면 90% 이상이 외동 자녀인데, 온 가족의 사랑을 독차지하면서 자란 이 외동 아이들은 명랑하고 밝은 경우도 있지만, 다소 버릇이 없고 의지가 약하며 이기적인 아이로 자라는 경우도 많아졌습니다. 받는 것에만 익숙하다 보니 다른 사람들에 대한 배려가 부족해진 것이죠. 바로 이런 외동 자녀를 일컬어 '시아오황띠 小皇帝 xiǎohuángdì', 즉 소황제라고 부릅니다.

80년대 이후에 태어난 이 시아오황띠들이 자라서 현재 20~30세가 되었고, 이들 세대는 다시 '빠링허우 八零后 bā líng hòu'라고 불린답니다. 현재 중국의 빠링허우는 2억 명을 넘어서고 있는데, 대부분 독립심이 부족하고 개인주의적 성향이 강한 특징을 보입니다. 이런 사회문제로 인해 지난 2013년 11월 15일 중국 정부에서는 부모 중 한 명이 독자일 경우 두 자녀를 허용하는, 다소 완화된 인구 정책을 내놓았습니다. 앞으로 점진적으로 시행될 이 새로운 인구 정책이 어느 정도 효과가 있을지 모두의 관심이 집중되고 있습니다.

※ 재미있는 관련 어휘

黑孩子 hēi háizi
태어나긴 했지만 엄청난 벌금 때문에 호적에 등록하지 못한 둘째 아이

九零后 jiǔ líng hòu
90년대에 태어난 세대

月光族 yuèguāngzú
월급을 받자마자 다 써 버리는 사람. 요즘 젊은 세대의 강한 소비 성향을 일컫는 말

睡打做走

29 〉32
제목 미리 보기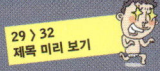

睡

29 shuì • 잠자다

① 넌 몇 시에 **자니**?

② **잠잘** 시간이 없네.

③ 여기에서 **자라**.

④ 어제 잘 **잤니**?

⑤ 그저께 몇 시간 **잤어**?

130.mp3

잠자다 睡 shuì
~한 정도가 / 결과가 得 de
(동사 뒤에서 결과나 정도를
나타내는 보어와 연결시킴)

잠을 자다 睡觉 shuìjiào
어떻다, 어떠하다 怎么样 zěnmeyàng
그저께 前天 qiántiān

睡

① Nǐ jǐ diǎn shuìjiào
你几点睡觉？

② Méiyǒu shíjiān shuìjiào
没有时间睡觉。

③ Nǐ zài zhèr shuì ba
你在这儿睡吧。

④ Zuótiān nǐ shuì de zěnmeyàng
昨天你睡得怎么样？

⑤ Qiántiān nǐ shuì le jǐ ge xiǎoshí
前天你睡了几个小时？

밤을 새우다

开夜车 kāi yèchē
▶일을 하거나 공부를 하느라고 밤을 새울 때만 쓰고, 노느라 밤 새울 때는 쓰지 않습니다.

睡

得 ● '得 de'는 동사 뒤에 놓여 결과나 정도, 가능 등을 나타내는 보어와 동사를 연결시키는 역할을 합니다. 여기에서 보어란 동사를 보충해서 정도나 가능 등을 추가로 설명해 주는 역할을 하는 말을 의미하며, 늘 동사 뒤에 놓이지요. 이번 과에서는 동사 뒤에 놓여 정도를 나타내는 정도보어와 연결시키는 역할을 했습니다. 즉, '동사+得+정도보어'의 순서로 쓰면 됩니다.

昨天你睡得怎么样? Zuótiān nǐ shuì de zěnmeyàng?
어제 잘 잤나요? (→ 잠을 잔 정도가 어땠나요?)

他汉语说得很好。 Tā Hànyǔ shuō de hěn hǎo.
그는 중국어를 아주 잘한다. (→ 중국어를 말하는 정도가 매우 좋다.)

她穿得真漂亮。 Tā chuān de zhēn piàoliang.
그는 아주 예쁘게 차려입었다. (→ 옷을 입은 정도가 정말 예쁘다.)

我写得不太好。 Wǒ xiě de bútài hǎo.
나는 그다지 잘 못 쓴다. (→ 글 혹은 글자를 쓴 정도가 그다지 좋지 않다.)

怎么样 ● '어떻다, 어떠하다'라는 뜻이지만 실제로는 상대방의 의향이나 의견을 묻는 '어때?'라는 의미로 훨씬 많이 쓰입니다. '好不好? hǎo bu hǎo?'나 '好吗? hǎo ma?'와도 같은 뜻으로 쓰일 수 있습니다. 회화에서 매우 자주 쓰는 표현이므로 다양한 예문을 통해 반복하여 연습합시다.

今天天气怎么样? Jīntiān tiānqì zěnmeyàng?
오늘 날씨 어때?

今天我穿的衣服怎么样? Jīntiān wǒ chuān de yīfu zěnmeyàng?
오늘 내가 입은 옷 어때?

我们在这儿等他吧。怎么样?
Wǒmen zài zhèr děng tā ba. Zěnmeyàng?
우리 여기에서 그를 기다리자. 어때?

(怎么样? zěnmeyàng? = 好不好? hǎo bu hǎo? = 好吗? hǎo ma?)

打

30 dǎ ● 하다(운동, 전화, 세일 등)

① 나는 회사에서 전화를 <mark>한다</mark>.

② 나에게 전화<mark>해</mark> 줘.

③ 나는 전화<mark>할</mark> 시간이 없어.

④ 지금 20% 세일<mark>해</mark>.

⑤ 우리 같이 탁구 <mark>치러</mark> 가자.

| 하다(운동, 전화, 세일 등) | 打 dǎ | 회사 | 公司 gōngsī |
| 가격을 깎다, 세일하다 | 打折 dǎzhé | 탁구 | 乒乓球 pīngpāngqiú |

打

① Wǒ zài gōngsī dǎ diànhuà
我在公司打电话。

② Qǐng gěi wǒ dǎ diànhuà
请给我打电话。

③ Wǒ méiyǒu shíjiān dǎ diànhuà
我没有时间打电话。

④ Xiànzài dǎ bā zhé
现在打八折。

⑤ Wǒmen yìqǐ qù dǎ pīngpāngqiú ba
我们一起去打乒乓球吧。

전화 잘못 거셨어요.
ⓥ
你打错了。Nǐ dǎ cuò le.

打

打电话 ● '전화를 걸다'라는 뜻입니다. 일반적으로 '~에게 전화를 걸다'라고 하려면 전치사 '给 gěi'를 사용해서 '给+누구+打电话'의 어순으로 말하게 됩니다. '打 dǎ'에는 여러 가지 뜻이 있으므로 모두 꼼꼼하게 기억해 둡시다.

> 我明天给你打电话。 Wǒ míngtiān gěi nǐ dǎ diànhuà.
> 내가 내일 너에게 전화할게.
>
> 你现在给谁打电话? Nǐ xiànzài gěi shéi dǎ diànhuà?
> 너 지금 누구에게 전화하는 거니?

打折 ● '세일하다, 가격을 깎다'라는 뜻을 갖고 있습니다. 그런데 세일 폭을 표현하는 방법이 우리나라와 다르므로 잘 기억해 두는 것이 좋습니다. 예를 들어 30% 세일은 중국어로 '打七折 dǎ qī zhé'라고 하고, 반대로 70% 세일은 '打三折 dǎ sān zhé'라고 합니다.

打+구기 종목 ● 위에서 이미 두 가지 뜻이 나왔지만, 打에는 더 많은 뜻이 있습니다. 그중 하나는 이번 과 마지막에 나온 '(운동을) 하다'입니다. 打 뒤에 구기 종목을 붙이면 '~ 운동을 하다'라는 의미가 된답니다. 다양한 구기 운동에 대해 알고 싶으면 P. 274를 참고하세요.

> 我们一起去打乒乓球吧。 Wǒmen yìqǐ qù dǎ pīngpāngqiú ba.
> 우리 같이 탁구 치러 가자.

31 zuò ● 하다(일, 작업, 요리 등), 만들다

① 나는 이미 다 했어.

② 이건 모두 내가 만든 요리야.

③ 나는 할 일이 없는데 어쩌지?

④ 어제 너 뭐 했니?

⑤ 그는 요리를 잘하니?

하다(일, 작업, 요리 등), 만들다 做 zuò
요리하다 做菜 zuòcài
어떻게 하지? 怎么办 zěnmebàn

모두 都 dōu
일 事 shì

做

① Wǒ yǐjīng zuò wán le
我已经做完了。

② Zhè dōu shì wǒ zuò de cài
这都是我做的菜。

③ Wǒ méiyǒu shì zuò zěnmebàn
我没有事做，怎么办？

④ Zuótiān nǐ zuò shénme le
昨天你做什么了？

⑤ Tā zuòcài zuò de hǎo ma
他做菜做得好吗？

네 차례야.
⑧
该你了。Gāi nǐ le.

做

做完了 ● '做 zuò'는 '하다'라는 뜻을 가진 동사입니다. 이 做 뒤에 '완성하다'라는 뜻의 '完 wán'이 보어로 오면 '다 하다'라는 뜻이 된답니다. 完은 동사 뒤에 놓여서 자주 쓰이는 어휘이므로 반복해서 연습해 봅시다.

你已经做完了吗？ Nǐ yǐjīng zuò wán le ma?
너 이미 다 했니?

我还没吃完呢。 Wǒ hái méi chī wán ne.
나는 아직 다 안 먹었어.

我已经看完了，你看吧。 Wǒ yǐjīng kàn wán le, nǐ kàn ba.
나는 이미 다 봤으니까 네가 봐.

得 ● 지난번에 배웠듯이 '得 de'는 동사 뒤에 놓여 정도보어와 연결시키는 역할을 합니다. 그 어순은 '동사＋得＋정도보어'였지요. 그런데 만약 여기에 목적어가 오면 어떻게 될까요? 중국어에서 보어는 동사 뒤에 껌처럼 붙어 있어야 하고, 목적어도 동사 뒤에 붙어 있어야 합니다. 이처럼 보어도, 목적어도 꼭 동사 뒤에 와야 하는 상황에서 방법은 딱 두 가지입니다. 목적어를 앞으로 빼서 강조해 주거나, 아니면 동사가 희생해서 두 번 등장하는 것이지요. 두 번째 경우라면 어순이 '동사＋목적어＋동사＋得＋정도보어'가 됩니다. 오늘은 이처럼 동사가 희생해서 두 번 쓰이는 문장을 연습해 봅시다.

他做菜做得好吗？ Tā zuòcài zuò de hǎo ma?
그는 요리를 잘하니? (→ 요리를 하는 정도가 좋니?)

他说汉语说得很好。 Tā shuō Hànyǔ shuō de hěn hǎo.
그는 중국어를 아주 잘해. (→ 중국어를 말하는 정도가 매우 좋아.)

他打乒乓球打得不太好。 Tā dǎ pīngpāngqiú dǎ de bútài hǎo.
그는 탁구를 그다지 잘 못 쳐. (→ 탁구를 치는 정도가 그다지 좋지 않아.)

走

32 zǒu ● 가다, 걷다, 떠나다

① 천안문에 어떻게 가니?

② 우리 같이 가자.

③ 곧장 앞으로 가.

④ 듣자 하니 기차가 이미 가 버렸대.

⑤ 우리 잠깐 쉬었다 가자.

가다, 걷다, 떠나다	走 zǒu	천안문	天安门 Tiān'ānmén
계속, 곧장	一直 yìzhí	~쪽으로, ~를 향해	往 wǎng
앞, 과거	前 qián	듣자 하니	听说 tīngshuō
기차	火车 huǒchē	쉬다, 휴식하다	休息 xiūxi

走

① <ruby>天安门<rt>Tiān'ānmén</rt></ruby> <ruby>怎么<rt>zěnme</rt></ruby> <ruby>走<rt>zǒu</rt></ruby>?

② <ruby>我们<rt>Wǒmen</rt></ruby> <ruby>一起<rt>yìqǐ</rt></ruby> <ruby>走<rt>zǒu</rt></ruby> <ruby>吧<rt>ba</rt></ruby>。

③ <ruby>一直<rt>Yìzhí</rt></ruby> <ruby>往前<rt>wǎng qián</rt></ruby> <ruby>走<rt>zǒu</rt></ruby>。

④ <ruby>听说<rt>Tīngshuō</rt></ruby> <ruby>火车<rt>huǒchē</rt></ruby> <ruby>已经<rt>yǐjīng</rt></ruby> <ruby>走<rt>zǒu</rt></ruby> <ruby>了<rt>le</rt></ruby>。

⑤ <ruby>我们<rt>Wǒmen</rt></ruby> <ruby>休息<rt>xiūxi</rt></ruby> <ruby>一会儿<rt>yíhuìr</rt></ruby> <ruby>再<rt>zài</rt></ruby> <ruby>走<rt>zǒu</rt></ruby> <ruby>吧<rt>ba</rt></ruby>。

너에게 맡길게. 너한테 달려 있어.
😊
就看你的了。Jiù kàn nǐ de le.

走

走와 去 ● 이 두 개의 동사는 모두 '가다'라고 해석합니다. 그렇다면 '走 zǒu'와 '去 qù'는 과연 어떻게 다를까요? 한마디로 去는 '~로 간다'는 뜻이고요, 走는 목적지와 상관없이 그냥 '걷다'라는 동작 자체에 초점이 맞춰진 동사입니다. 즉, 去 뒤에는 일반적으로 장소가 따라 나오는 데 비해 走에는 목적성이나 방향성이 없는 것이지요.

你去哪儿? Nǐ qù nǎr? (O) 너 어디 가니?

你走哪儿? Nǐ zǒu nǎr? (X)

他去商店买东西。Tā qù shāngdiàn mǎi dōngxi. (O)
그는 상점에 물건 사러 가.

他走商店买东西。Tā zǒu shāngdiàn mǎi dōngxi. (X)

他已经走了。Tā yǐjīng zǒu le. (O)
그는 이미 갔어.

往 ● '~ 쪽으로', '~를 향해' 등의 뜻을 가진 전치사입니다. '往+방향+走'의 형태로 쓰이면 '~ 쪽으로 가다'라는 의미가 되지요. 길을 물어볼 때도 많이 나오는 어휘랍니다. 단, '往 wǎng' 뒤에 사람은 나올 수 없음을 기억하세요.

一直往前走。Yìzhí wǎng qián zǒu. 곧장 앞으로 가.

我们往东走吧。Wǒmen wǎng dōng zǒu ba. 우리 동쪽으로 가자.

앞에서 배운 20마디를 이용해
회화 연습을 해 보세요.
한국어를 보고 중국어가 바로 튀어나오면
당신은 이미 중국어 고수!

실전 생생 연습 一	A 너 왜 여기에서 자니? B 어제 나 잠을 잘 못 잤어. 세 시간 잤어. A 너 집에 가서 좀 쉬어라.

145.mp3

A 너 왜 여기에서 자니?

B 昨天我睡得不好。我睡了三个小时。
Zuótiān wǒ shuì de bùhǎo Wǒ shuì le sān ge xiǎoshí

A 너 집에 가서 좀 쉬어라.

A 你为什么在这儿睡觉?
Nǐ wèishénme zài zhèr shuìjiào

B 어제 나 잠을 잘 못 잤어. 세 시간 잤어.

A 你回家休息一会儿吧。
Nǐ huíjiā xiūxi yíhuìr ba

실전生生연습 二	A 나 이미 다 했어. 이거 전부 내가 만든 요리야. 어때? B 매우 맛있어! 맛없는 게 없네. 너 요리 대단히 잘하는구나. A 고마워!

A 나 이미 다 했어. 이거 전부 내가 만든 요리야. 어때?

B Hěn hǎochī! Méiyǒu bù hǎochī de.
很好吃！没有不好吃的。
Nǐ zuòcài zuò de fēicháng hǎo.
你做菜做得非常好。

A 고마워!

A Wǒ yǐjīng zuòwán le. Zhè dōu shì wǒ zuò de cài.
我已经做完了。这都是我做的菜。
Zěnmeyàng?
怎么样？

B 매우 맛있어! 맛없는 게 없네. 너 요리 대단히 잘하는구나.

A Xièxie
谢谢！

149

흥미진진
차!
이!
나!

"앗, 글자가 거꾸로 붙어 있어요."

중국 식당이나 상점에서 쉽게 볼 수 있는 것이 하나 있습니다. 바로 복 복(福 fú) 자가 쓰여진 빨간 종이를 거꾸로 붙여 놓은 풍경이지요. 왜 복 자를 거꾸로 붙여 놓았을까요? 이는 '도달하다, 오다'라는 뜻의 동사인 '到 dào'와 '거꾸로'라는 의미의 '倒 dào'의 발음이 같기 때문입니다. 즉, '福 fú' 자를 거꾸로(倒 dào) 붙여 놓음으로써 복이 오기를(到 dào) 기원하는 마음을 표현하는 거지요.

이처럼 중국어의 한자는 표의문자의 성격을 갖고 있기에 발음과 의미에 따라서 아주 독특한 언어 사용 문화를 갖게 되었답니다. 그렇다면 이외에 어떤 것들이 있는지 살펴볼까요?

● 중국의 연하장에는 물고기가 그려진 디자인이 유독 많습니다. 물고기는 중국어로 '鱼 yú'라고 하는데, 이는 '여유로움, 넉넉함'을 나타내는 한자인 '余 yú'와 발음이 같습니다. 따라서 여유로움을 기원하는 마음으로 물고기 모양의 기념품이나 디자인이 많아지게 되었답니다.

● 중국에서는 개업식이나 축하하는 자리에 절대 벽시계를 선물하지 않습니다. 이는 '시계를 선물하다'는 뜻의 단어인 '送钟 sòngzhōng'이 '임종을 지키다'는 뜻의 '送终 sòngzhōng'과 발음이 같기 때문입니다.

● 중국에서는 연인끼리 우산을 선물하지 않습니다. 우산은 중국어로 '伞 sǎn'이라고 하는데, '헤어지다, 흩어지다'는 뜻의 '散 sàn'과 발음이 비슷하기 때문이지요.

● 연인끼리는 과일 중 하나인 배도 잘 선물하지 않습니다. '배를 나누어 먹다'는 뜻의 '分梨 fēnlí'의 발음이 '헤어지다'는 뜻의 '分离 fēnlí'와 같기 때문입니다.

回问给比

33 > 36
제목 미리 보기

③ huí ● 돌아가다, 대답하다

① 너희들은 어떻게 집에 **가니**?

② 좀 빨리 **대답해** 줘.

③ 그는 언제 한국으로 **돌아가니**?

④ 내가 **바로** 너한테 전화할게.

⑤ 시간이 너무 늦어서 집에 **갈** 차가 없네.

돌아가다, 대답하다 回 huí 대답하다 回答 huídá
곧, 즉시 马上 mǎshàng 차 车 chē

回

① Nǐmen zěnme huíjiā
你们怎么回家？

② Qǐng kuàidiǎn huídá
请快点回答。

③ Tā shénmeshíhou huí Hánguó
他什么时候回韩国？

④ Wǒ mǎshàng gěi nǐ huí diànhuà
我马上给你回电话。

⑤ Shíjiān tài wǎn le méiyǒu chē huíjiā
时间太晚了，没有车回家。

그건 그래.
⑤
那倒是。Nà dào shì.

快点 ● '조금 빨리'라는 의미로, 여기에 쓰인 '点 diǎn'은 '약간, 조금'이라는 의미를 지닌 '一点 yìdiǎn'의 준말입니다. 点과 一点 모두 회화에서 자주 쓰이는 어휘이므로 반복해서 많이 연습합시다.

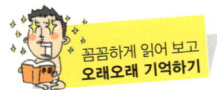

我们快点走吧。 Wǒmen kuàidiǎn zǒu ba. 우리 조금 빨리 가자.
请吃点东西。 Qǐng chī diǎn dōngxi. 음식 좀 드세요.
请给我一点。 Qǐng gěi wǒ yìdiǎn. 저에게 조금만 주세요.
有没有好一点的? Yǒu méiyǒu hǎo yìdiǎn de? 조금 더 좋은 건 없나요?

太~了 ● '太 tài'는 '너무'라는 의미를 가진 부사로 '太~了 tài~le'는 '너무 ~하다'라는 뜻입니다. 지난번에 배웠던 '不太 bútài'와는 조금 다른 의미를 갖고 있지요. 즉, 太를 이용한 표현을 정리하면 다음과 같습니다. 이 표현들은 일일이 외울 필요 없이 그냥 어순대로 해석해서 기억하면 됩니다.

太~了 tài~le 너무 ~하다
不太 bútài 그다지 ~하지 않다
太不 tài bù 너무 ~하지 않다
时间太晚了。 Shíjiān tài wǎn le. 시간이 너무 늦었어.
太好了! Tài hǎo le! 너무 좋아!
我已经吃得太多了。 Wǒ yǐjīng chī de tài duō le. 나는 이미 너무 많이 먹었어.
今天天气太好了。 Jīntiān tiānqì tài hǎo le. 오늘 날씨가 너무 좋다.
今天天气不太好。 Jīntiān tiānqì bútài hǎo. 오늘 날씨는 그다지 좋지 않다.
今天天气太不好。 Jīntiān tiānqì tài bùhǎo. 오늘 날씨가 너무 안 좋다.
她不太漂亮。 Tā bútài piàoliang. 그녀는 그다지 예쁘지 않아.

问

34 wèn • 묻다, 물어보다

① 말씀 좀 묻겠는데요, 명동은 어떻게 가나요?

② 나는 그에게 문제 몇 개를 물어보았어.

③ 내가 너한테 물어본 문제에 대답해 줘.

④ 네 어머니에게 안부 전해 주렴.

⑤ 그는 나에게 왜 컴퓨터를 사지 않는지 물어보았어.

묻다, 물어보다 问 wèn	명동 明洞 Míngdòng
문제 问题 wèntí	~에게, ~을 향해 向 xiàng
안부를 묻다 问好 wènhǎo	

① 请问，明洞怎么走？
Qǐngwèn, Míngdòng zěnme zǒu?

② 我问他几个问题。
Wǒ wèn tā jǐ ge wèntí.

③ 请回答我问你的问题。
Qǐng huídá wǒ wèn nǐ de wèntí.

④ 请向你妈妈问好。
Qǐng xiàng nǐ māma wènhǎo.

⑤ 他问我为什么不买电脑。
Tā wèn wǒ wèishénme bù mǎi diànnǎo.

네 말 들을게.
我听你的。Wǒ tīng nǐ de.

问

请问 ● '말씀 좀 묻겠는데요'라는 뜻의 동사입니다. 회화에서 길을 물어볼 때 자주 쓰는 어휘이지요. 중국이나 타이완으로 여행을 간다면 아마 가장 많이 쓰는 어휘 중 하나일 거예요. 특별한 조건 없이 그냥 문장 맨 앞에 쓰면 됩니다.

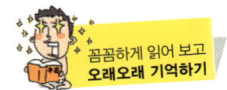

请问，明洞怎么走？ Qǐngwèn, Míngdòng zěnme zǒu?
말씀 좀 묻겠는데요, 명동은 어떻게 가나요?

请问，餐厅在哪儿？ Qǐngwèn, cāntīng zài nǎr?
말씀 좀 묻겠는데요, 식당이 어디인가요?

请问，这个多少钱？ Qǐngwèn, zhège duōshaoqián?
말씀 좀 묻겠는데요, 이거 얼마예요?

问 ● '묻다, 물어보다'라는 뜻의 동사입니다. '问 wèn'은 지난번에 배웠던 '教 jiāo'와 똑같은 어순을 갖고 있습니다. 즉, '~에게 ~을 물어보다'를 중국어로 말하려면 '问＋누구＋무엇'의 순서로 표현하면 됩니다. 영어에서의 간접목적어와 직접목적어 어순과도 동일합니다.

我问你一个问题。 Wǒ wèn nǐ yí ge wèntí.
내가 너한테 문제 하나 물어볼게.

他问我什么时候回家。 Tā wèn wǒ shénmeshíhou huíjiā.
그는 나에게 언제 집에 가냐고 물어봤어.

向~问好 ● '问好 wènhǎo'는 '안부를 묻다'라는 뜻의 동사이고 '向 xiàng'은 '~에게, ~를 향해'라는 뜻을 가진 전치사입니다. 그러므로 '向~问好 xiàng~wènhǎo'는 '~에게 안부를 전하다'라는 의미가 되지요. 누군가에게 안부를 전해 달라는 인사를 할 때 쓰는 표현이므로 잘 기억해 둡시다.

给

35 gěi ● 주다, ~에게

① 나에게 이걸 주세요.

② 그건 그녀가 나에게 준 거야.

③ 나에게 좀 보여 줘.

④ 너 지금 누구에게 편지 쓰는 거야?

⑤ 미안해, 너에게 폐를 끼쳤구나.

주다, ~에게 给 gěi	보태다, 증가하다, 더하다 添 tiān
귀찮다, 성가시다, 골칫거리 麻烦 máfan	

给

① Qǐng gěi wǒ zhège
请给我这个。

② Nà shì tā gěi wǒ de
那是她给我的。

③ Qǐng gěi wǒ kànkan
请给我看看。

④ Nǐ xiànzài gěi shéi xiěxìn
你现在给谁写信？

⑤ Duìbuqǐ， gěi nǐ tiān máfan le
对不起，给你添麻烦了。

별말씀을요.
↓
看你说的。Kàn nǐ shuō de.

给

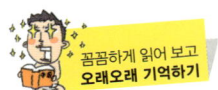

给 ● '给 gěi'는 '在 zài'와 비슷한 성격을 갖고 있습니다. 이미 앞에서 배웠듯이 在는 '~에 있다'라는 뜻의 동사와 '~에서'라는 뜻의 전치사, 두 가지 뜻을 갖고 있지요. 给 역시 '~에게 주다'라는 동사로도, '~에게'라는 뜻의 전치사로도 쓰입니다. 특별히 암기할 필요 없이 어순에 따라 사용하면 되므로 많이 연습해 봅시다.

[~에게 주다] 他给我一本书。 Tā gěi wǒ yì běn shū.
　　　　　　그는 나에게 책을 한 권 줬어.

[~에게 주다] 你为什么没给他? Nǐ wèishénme méi gěi tā?
　　　　　　너 왜 걔한테는 안 줬니?

[~에게] 你给他打电话了吗? Nǐ gěi tā dǎ diànhuà le ma?
　　　　너 걔한테 전화했어?

[~에게] 请给我看看你的衣服。 Qǐng gěi wǒ kànkan nǐ de yīfu.
　　　　나에게 네 옷 좀 보여 줘.

添麻烦 ● '添 tiān'은 동사로 '보태다, 증가하다, 더하다' 등의 뜻을 갖고 있으며, '麻烦 máfan'은 '말썽, 골칫거리, 부담' 등의 뜻이 있습니다. 이 두 단어를 합해서 '添麻烦 tiān máfan'이라고 하면 '부담을 보태다, 골칫거리를 더하다', 즉 '폐를 끼치다'라는 뜻의 단어가 된답니다. 일반적으로 给와 결합하여 '~에게 폐를 끼치다'라는 뜻으로 쓰이게 되지요. 주로 예의를 갖추어 말해야 하는 대화에 자주 쓰이는 어휘입니다.

今天我给你添麻烦了。 Jīntiān wǒ gěi nǐ tiān máfan le.
오늘 제가 폐를 끼쳤어요.

我给你添了太多麻烦。 Wǒ gěi nǐ tiān le tài duō máfan.
제가 너무 많은 폐를 끼쳤네요.

比
36 bǐ ~보다

① 오늘은 어제**보다** 더워.

② 그는 나**보다** 세 살 많아.

③ 오늘은 어제**보다** 춥지 않네.

④ 노란 것이 파란 것**보다** 훨씬 더 예뻐.

⑤ 그는 누구**보다**도 똘똘해.

~보다	比 bǐ	덥다, 뜨겁다	热 rè
크다, (힘이) 세다	大 dà	살, 세(나이)	岁 suì
노랗다, 누렇다	黄 huáng	남색의, 남빛	蓝 lán
더욱, 훨씬, 한층 더	更 gèng	똑똑하다	聪明 cōngmíng

36

比

① Jīntiān bǐ zuótiān rè
今天**比**昨天热。

② Tā bǐ wǒ dà sān suì
他**比**我大三岁。

③ Jīntiān bùbǐ zuótiān lěng
今天不**比**昨天冷。

④ Huáng de bǐ lán de gèng hǎokàn
黄的**比**蓝的更好看。

⑤ Tā bǐ shéi dōu cōngmíng
她**比**谁都聪明。

너 정말 대단하구나.
ⓒ
你真行。Nǐ zhēn xíng.

比

比 ● '~보다'라는 뜻으로 비교문에 쓰이는 대표적인 어휘입니다. 비교문의 어순은 'A＋比＋B＋어떻다＋얼마만큼'입니다. 즉, 'A는 B 보다 얼마만큼 어떻다'의 의미가 되는 것이지요. 예외가 거의 없이 고정적인 어순으로 쓰이므로 쉽게 표현할 수 있습니다. 단, 몇 가지 원칙은 꼭 알아 둡시다.

'比 bǐ'를 이용한 비교문에는 '很 hěn'이나 '非常 fēicháng'을 쓰지 않습니다. 대신 '훨씬 더'라는 의미를 가진 '更 gèng'을 주로 사용한답니다.

她比我很聪明。Tā bǐ wǒ hěn cōngmíng.(X)
她比我更聪明。Tā bǐ wǒ gèng cōngmíng.(O) 그녀는 나보다 더 총명해.

比를 이용한 비교문을 부정할 때는 동사 앞이 아닌 比 앞에 不를 써야 합니다.

她比我不漂亮。Tā bǐ wǒ bú piàoliang.(X)
她不比我漂亮。Tā bùbǐ wǒ piàoliang.(O) 그녀는 나보다 예쁘지 않아.

比＋[谁/什么/哪儿]＋都＋어떻다 ● 比를 이용한 최상급 표현입니다. 즉, '누구보다도(谁) ~하다', '무엇보다도(什么) ~하다', '어느 곳보다도(哪儿) ~하다'라는 뜻으로 위와 같은 어순으로 표현하면 됩니다.

他比谁都聪明。Tā bǐ shéi dōu cōngmíng.
그는 누구보다도 총명해.

你做的菜比什么都好吃。Nǐ zuò de cài bǐ shénme dōu hǎochī.
네가 만든 요리는 무엇보다도 맛있어.

我的老家比哪儿都好看。Wǒ de lǎojiā bǐ nǎr dōu hǎokàn.
내 고향은 어느 곳보다도 아름다워.

앞에서 배운 20마디를 이용해
회화 연습을 해 보세요.
한국어를 보고 중국어가 바로 튀어나오면
당신은 이미 중국어 고수!

실전 생생 연습 一	
A	시간이 너무 늦어서 집에 갈 차가 없네. 우리 어떻게 집에 가지?
B	내가 아빠한테 전화할게.
A	너무 잘됐다. 미안해, 너에게 폐를 끼쳤구나.

A 시간이 너무 늦어서 집에 갈 차가 없네.
　우리 어떻게 집에 가지?

　　Wǒ gěi bàba dǎ diànhuà
B 我给爸爸打电话。

A 너무 잘됐다. 미안해, 너에게 폐를 끼쳤구나.

　　Shíjiān tài wǎn le   méiyǒu chē huíjiā
A 时间太晚了，没有车回家。
　　Wǒmen zěnme huíjiā ne
　我们怎么回家呢？

B 내가 아빠한테 전화할게.

　　Tài hǎo le   Bùhǎoyìsi   gěi nǐ tiān máfan le
A 太好了。不好意思，给你添麻烦了。

실전	A 내가 너한테 물어본 문제에 빨리 대답해 줘.
生生	B 너의 문제가 뭐였지?
연습	A 어느 것이 가장 예뻐?
二	B 노란 것이 파란 것보다 훨씬 더 예뻐.

164.mp3

A 내가 너한테 물어본 문제에 빨리 대답해 줘.

B 你的问题是什么？
　　Nǐ de wèntí shì shénme

A 어느 것이 가장 예뻐?

B 黄的比蓝的更好看。
　　Huáng de bǐ lán de gèng hǎokàn

A 请快点回答我问你的问题。
　　Qǐng kuàidiǎn huídá wǒ wèn nǐ de wèntí

B 너의 문제가 뭐였지?

A 哪个最漂亮？
　　Nǎge zuì piàoliang

B 노란 것이 파란 것보다 훨씬 더 예뻐.

흥미진진
차!
이!
나!

"중국 사람들이 사랑하는 것들"

① 红 hóng **빨간색**

중국 사람들은 빨간색을 아주 좋아합니다. 그래서 축하할 일이 있을 때는 꼭 빨간색을 사용하지요. 특히 축의금이나 세뱃돈도 모두 이 빨간 봉투에 넣어서 주는데, 이를 '훙빠오 红包 hóngbāo'라고 합니다.

② 茶 chá **차**

중국 사람들은 차 마시는 것을 아주 좋아합니다. 아니, 아예 생활의 일부라고 해도 과언이 아닐 것입니다. 식당에 가면 종업원이 다가와 제일 먼저 묻는 말이 바로 어떤 차를 마시겠냐는 질문일 정도이지요. 차의 종류와 가격 또한 매우 다양해서 종류별로 골라 마시는 재미가 있답니다. 중국 차의 깊은 맛을 음미해 보는 것도 중국의 문화를 이해하는 데 큰 도움이 될 것입니다.

③ 太极拳 tàijíquán **태극권**

매일 아침 중국의 공원은 태극권을 즐기는 사람들로 넘쳐납니다. 태극권은 중국 사람들이 사랑하는 전통 무술 중 하나로, 대표적인 국민운동으로 사랑받고 있지요. 무엇보다 처음부터 끝까지 한 박자도 쉬지 않고 물 흐르듯이 움직이는 태극권의 독특한 자세는 보는 이로 하여금 경이로움을 느끼게 합니다.

④ 社交舞 shèjiāowǔ **사교 댄스**

아침이나 저녁마다 동네 광장에 나가면 어김없이 만날 수 있는, 가장 흔히 볼 수 있는 문화가 바로 사교 댄스입니다. 거창한 댄스라기보다 집 주변의 동네 어귀에서 자유롭게 즐기는 중국 사람들의 사교 댄스는 중국을 이해하는 아주 중요한 문화 코드일 것입니다.

37 > 40
제목 미리 보기

在帯要要

在

37 zài ● ~에 있다, ~에서, ~하는 중이다

① 너 어제 어디에 있었니?

② 그는 중국에서 중국어를 공부해.

③ 너 집에서 뭐해?

④ 그는 요리를 하는 중이니까, 좀 기다려 줘.

⑤ 나는 네 전화를 기다리는 중이야.

~에 있다, ~에서, ~하는 중이다 在 zài

在

① Nǐ zuótiān zài nǎr
你昨天在哪儿？

② Tā zài Zhōngguó xué Hànyǔ
他在中国学汉语。

③ Nǐ zài jiā zuò shénme
你在家做什么？

④ Tā zài zuòcài qǐng děng yíxià
他在做菜，请等一下。

⑤ Wǒ zài děng nǐ de diànhuà
我在等你的电话。

그는 수완이 아주 좋아.
☺
他很有办法。Tā hěn yǒu bànfǎ.

在

在 ● '在 zài'는 이미 17과에서 다루었던 어휘입니다. 在는 두 가지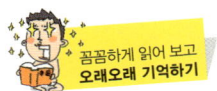
뜻을 갖고 있지요. 하나는 '~에 있다'라는 뜻으로 '在+장소'의 형식
을 이룹니다. 그리고 또 하나는 '~에서'라는 뜻으로 '在+장소+동사'
의 형식을 이루고 있지요. 그런데 이번 과에서는 在의 세 번째 뜻이 등
장합니다. 바로 '~하는 중이다'라는 뜻으로 '在+동사'의 형식을 이룹
니다. 세 가지 의미 모두 자주 쓰이므로 반복하여 연습해 봅시다.

[~에 있다] 他在哪儿? Tā zài nǎr?
　　　　　 그는 어디에 있니?
[~에 있다] 你现在在家吗? Nǐ xiànzài zài jiā ma?
　　　　　 너 지금 집에 있니?
[~에서] 你在哪儿买衣服? Nǐ zài nǎr mǎi yīfu?
　　　　너는 어디에서 옷을 사니?
[~하는 중이다] 你在做什么? Nǐ zài zuò shénme?
　　　　　　　너 뭐하고 있어?
[~하는 중이다] 我在问你, 请快点回答, 好吗?
　　　　　　　Wǒ zài wèn nǐ, qǐng kuàidiǎn huídá, hǎo ma?
　　　　　　　내가 너한테 묻고 있으니까 빨리 대답해 줄래?

一下 ● 24과에서 이미 다루었던 어휘인데, 오래간만에 나왔으니 다시 복습해
봅시다. '一下 yíxià'는 동사 뒤에 놓여서 '좀 ~해 보다'라는 뜻으로 쓰입니다. 예
전에 배웠던 '동사+동사' 또는 '동사+一+동사' 형식과도 같은 의미랍니다.

　　看看 kànkan = 看一看 kàn yi kàn = 看一下 kàn yíxià 한번 좀 보다
　　听听 tīngting = 听一听 tīng yi tīng = 听一下 tīng yíxià 좀 들어 보다
　　等等 děngdeng = 等一等 děng yi děng = 等一下 děng yíxià 좀 기다리다

38 dài ● 휴대하다, 인도하다, 지니다

① 밖에 비 오니까 우산 가져가라.

② 나는 그렇게 많은 돈을 가져오지 않았어.

③ 책 가져오는 것을 깜박 잊었는데 어쩌지?

④ 나를 화장실에 데리고 가 주세요.

⑤ 그가 나를 데리고 영화 보러 갔어.

휴대하다, 인도하다, 지니다	带 dài	밖, 바깥	外面 wàimiàn
비가 내리다	下雨 xiàyǔ	우산	雨伞 yǔsǎn
그렇게, 저렇게, 그렇다면	那么 nàme	잊다, 잊어버리다	忘 wàng
화장실	洗手间 xǐshǒujiān	영화	电影 diànyǐng

带

① Wàimiàn xiàyǔ, qǐng dài yǔsǎn ba
外面下雨，请带雨伞吧。

② Wǒ méi dài nàme duō qián
我没带那么多钱。

③ Wǒ wàng le dài shū, zěnmebàn
我忘了带书，怎么办？

④ Qǐng dài wǒ qù xǐshǒujiān
请带我去洗手间。

⑤ Tā dài wǒ qù kàn diànyǐng
他带我去看电影。

하나 사면 하나 더 드려요. 1+1 (마트에서)
😉
买一送一。Mǎi yī sòng yī.

带

带 ● '휴대하다, 인도하다, 지니다' 등의 뜻을 가진 동사입니다. '带 dài' 뒤에 '사물'이 오면 '휴대하다, 지니다'라는 뜻이 되고, '사람'이 오면 '인도하다, ~를 데리고'라는 뜻이 된답니다.

[휴대하다] 你带书了吗? Nǐ dài shū le ma? 너 책을 가져왔니?

[~를 데리고] 好，我带你去看电影。Hǎo, wǒ dài nǐ qù kàn diànyǐng.
좋아, 내가 널 데리고 영화 보러 갈게.

[~를 데리고] 谢谢今天你带我来。Xièxie jīntiān nǐ dài wǒ lái.
오늘 나를 데리고 와 줘서 고마워.

那么 ● 두 가지 뜻을 가진 단어입니다. '그렇게, 저렇게'라는 뜻으로 쓰이기도 하고 '그러면, 그렇다면'이라는 뜻의 접속사로도 쓰이지요. 참고로 '이렇게'는 '这么 zhème'라고 하면 됩니다.

[그렇게] 你为什么买了那么多书? Nǐ wèishénme mǎi le nàme duō shū?
너 왜 그렇게 많은 책을 샀니?

[그러면] 那么，我们几点见面? Nàme, wǒmen jǐ diǎn jiànmiàn?
그러면 우리 몇 시에 만날까?

忘了~ ● '~하는 것을 깜박 잊었다'라는 뜻을 가진 단어입니다. '忘了' 뒤에 나오는 행위를 잊었다는 뜻이랍니다. 만약 뒤따라 나오는 말이 없다면 그냥 '잊어 버렸다'라는 뜻이 되겠지요.

我忘了给他打电话。Wǒ wàng le gěi tā dǎ diànhuà.
그에게 전화하는 걸 깜박 잊었네.

我忘了问你的电话号码。Wǒ wàng le wèn nǐ de diànhuàhàomǎ.
너의 전화번호 물어보는 걸 깜박 잊었구나.

他已经都忘了。Tā yǐjīng dōu wàng le. 그는 이미 다 잊었어.

要

39 yào • 필요하다, 원하다

① 너 이거 필요해?

② 난 콜라 한 잔을 원해.

③ 다른 게 더 필요하니?

④ 나는 지금 아무것도 필요하지 않아.

⑤ 너 정말 맥주를 원하지 않아?

필요하다, 원하다   要 yào   더, 또   还 hái
다른 것, 다른 사람   别的 biéde   정말로, 진실로   真的 zhēnde
맥주   啤酒 píjiǔ

① Nǐ yào bu yào zhège
你要不要这个？

② Wǒ yào yì bēi kělè
我要一杯可乐。

③ Nǐ hái yào biéde ma
你还要别的吗？

④ Wǒ xiànzài shénme dōu búyào
我现在什么都不要。

⑤ Nǐ zhēnde búyào píjiǔ ma
你真的不要啤酒吗？

한 번만 더 말해 주세요.
⇩
请再说一遍。Qǐng zài shuō yí biàn.

要

要不要 ● '원하니?'라는 질문을 할 때 쓰는 표현입니다. 이미 배웠던 '동사+不+동사'의 형태이지요. 역시 '동사+吗?'로 바꾸어 쓸 수 있습니다.

你要不要水果？ Nǐ yào bu yào shuǐguǒ? 과일을 원해?
= 你要水果吗？ Nǐ yào shuǐguǒ ma?
你要不要雨伞？ Nǐ yào bu yào yǔsǎn? 우산이 필요해?
= 你要雨伞吗？ Nǐ yào yǔsǎn ma?

别的 ● '别 bié'는 여러 가지 뜻을 갖고 있지만, 여기에서는 '구별하다, 구분하다'라는 뜻으로 쓰였습니다. 그래서 '别的 biéde'가 '다른 것, 다른 사람'이라는 뜻을 가진 단어가 되었답니다.

你要别的衣服吗？ Nǐ yào biéde yīfu ma?
너 다른 옷이 필요하니?

我没有别的东西。 Wǒ méiyǒu biéde dōngxi.
난 다른 물건은 없어.

别的人都走了。 Biéde rén dōu zǒu le.
다른 사람들은 모두 갔어.

你有没有别的电话号码？ Nǐ yǒu méiyǒu biéde diànhuàhàomǎ?
너 다른 전화번호가 있니?

什么都~ ● '什么都~ shénme dōu~'는 강조 표현 중 하나로 '무엇이든지 다 ~하다'라는 뜻을 갖고 있습니다. 什么 대신 谁를 넣으면 '누구든지 다 ~하다'라는 뜻이 되고, 哪儿을 넣으면 '어느 곳이든지 다 ~하다'라는 뜻이 되지요.

什么都好吃。 Shénme dōu hǎochī. 무엇이든 다 맛있어.
我什么都好。 Wǒ shénme dōu hǎo. 나는 무엇이든 다 좋아.

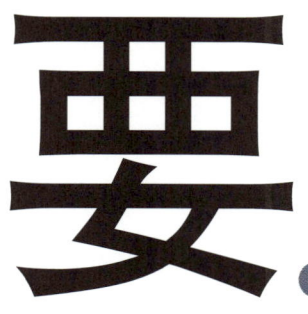

40 yào ● ~하려고 하다

① 너 여행 갈 거야?

② 나는 콜라 한 잔을 마실 거야.

③ 너 다른 것도 더 먹을 거야?

④ 나는 꼭 중국에 갈 거야.

⑤ 내일 너 뭐할 거야?

~하려고 하다 要 yào   여행하다, 관광하다 旅游 lǚyóu
반드시, 꼭 一定 yídìng

要

① Nǐ yào bu yào qù lǚyóu
你**要**不要去旅游？

② Wǒ yào hē yì bēi kělè
我**要**喝一杯可乐。

③ Nǐ hái yào chī biéde ma
你还**要**吃别的吗？

④ Wǒ yídìng yào qù Zhōngguó
我一定**要**去中国。

⑤ Míngtiān nǐ yào zuò shénme
明天你**要**做什么？

조금 천천히 말해 주세요.

请慢点说。Qǐng màndiǎn shuō.

要

要 ● '要 yào'는 두 가지 뜻을 갖고 있습니다. 하나는 39과에서 배운 동사로 '원하다, 필요하다'라는 뜻이고요, 다른 하나는 조동사로 동사 앞에 놓여서 '~하려고 하다'라는 뜻을 나타냅니다. 자주 쓰이는 어휘이므로 잘 알아 둡시다. 단, '不要 búyào'는 '~하려고 하지 않다'라는 뜻이 아닌 '~하지 마'라는 금지를 나타내는 표현이므로 주의해야 합니다.

[동사/원하다] 我要你买的那本书。 Wǒ yào nǐ mǎi de nà běn shū.
　　　　　　　나는 네가 산 그 책을 원해.

[조동사/~하려고 하다] 你现在要回家吗? Nǐ xiànzài yào huíjiā ma?
　　　　　　　　　너 지금 집에 돌아갈 거야?

[금지/~하지 마] 你不要跟他一起吃饭。 Nǐ búyào gēn tā yìqǐ chīfàn.
　　　　　　　너 걔랑 같이 밥 먹지 마.

一定 ● '반드시, 꼭'이라는 뜻을 가진 부사입니다. 뒤에 要를 붙여서 쓰는 경우가 많답니다. 강한 의지를 표현할 때 자주 쓰는 어휘입니다.

我一定去。 Wǒ yídìng qù.
나는 꼭 갈게.

我一定要等他。 Wǒ yídìng yào děng tā.
나는 꼭 그를 기다릴 거야.

我一定要跟他一起打乒乓球。 Wǒ yídìng yào gēn tā yìqǐ dǎ pīngpāngqiú.
나는 반드시 걔랑 같이 탁구를 칠 거야.

我一定要学汉语。 Wǒ yídìng yào xué Hànyǔ.
나는 반드시 중국어를 배울 거야.

앞에서 배운 20마디를 이용해
회화 연습을 해 보세요.
한국어를 보고 중국어가 바로 튀어나오면
당신은 이미 중국어 고수!

실전 생생 연습 一	A 어제 너 어디에서 뭐했니?
	B 집에서 네 전화를 기다렸지.
	A 미안해, 내가 너한테 전화하는 걸 깜박 잊었네.

181.mp3

A 어제 너 어디에서 뭐했니?

B 我在家等你的电话了。
　Wǒ zài jiā děng nǐ de diànhuà le

A 미안해, 내가 너한테 전화하는 걸 깜박 잊었네.

A 昨天你在哪儿做什么？
　Zuótiān nǐ zài nǎr zuò shénme

B 집에서 네 전화를 기다렸지.

A 对不起，我忘了给你打电话。
　Duìbuqǐ wǒ wàng le gěi nǐ dǎ diànhuà

실전	A 내일 너 뭐할 거니?
생생	B 내일 난 부산에 여행 갈 거야. 너도 갈래?
연습 二	A 너무 좋아! 꼭 너랑 같이 갈래.

182.mp3

A 내일 너 뭐할 거니?

B Míngtiān wǒ yào qù Fǔshān lǚyóu。Nǐ yě yào qù ma
明天我要去釜山旅游。你也要去吗？

A 너무 좋아! 꼭 너랑 같이 갈래.

A Míngtiān nǐ yào zuò shénme
明天你要做什么？

B 내일 난 부산에 여행 갈 거야. 너도 갈래?

A Tài hǎo le Wǒ yídìng yào gēn nǐ yìqǐ qù
太好了！我一定要跟你一起去。

흥미진진
차!
이!
나!

"중국에서도 설날에 떡국을 먹을까?"

중국과 우리나라는 같은 동양 문화권에 속하기 때문에 전통 명절도 거의 비슷합니다. 중국의 공휴일과 명절 풍경은 우리가 중국을 이해하는 중요한 코드 중 하나가 될 것입니다.

① 国庆节 Guóqìngjié **국경절(10월 1일)**

1949년 중화인민공화국 건국기념일입니다. 국경절이 되면 베이징의 천안문 광장에서 성대한 의식이 열리고 중국 국민들은 3~7일간의 긴 연휴를 즐깁니다. 음력 설과 더불어 중국의 가장 큰 공휴일이라 할 수 있는 이 국경절은 현대 중국의 가장 큰 축제라고 해도 과언이 아닐 것입니다.

② 春节 Chūnjié **설날(음력 1월 1일)**

음력 1월 1일은 중국에서 가장 큰 전통 명절입니다. 우리나라와 마찬가지로 설 연휴에는 사람들이 대부분 고향으로 돌아가기 때문에 거대한 민족 대이동이 시작됩니다. 인구가 워낙 많아서 기차표 구하기가 그야말로 하늘의 별따기 수준이지요. 우리나라에서는 설날에 떡국을 먹지만, 중국에서는 물만두인 '지아오즈 饺子 jiǎozi'를 먹고 시끌벅적 폭죽놀이를 즐기며 명절을 보냅니다.

③ 中秋节 Zhōngqiūjié **추석(음력 8월 15일)**

우리나라의 추석과 같은 8월 대보름 전통 명절입니다. 우리나라 사람들이 송편을 먹는 것처럼 중국 사람들은 추석에 '위에빙 月饼 yuèbǐng'을 먹습니다.

④ 端午节 Duānwǔjié **단오절(음력 5월 5일)**

우리나라의 단오절보다 좀 더 명절의 분위기가 나는 편입니다. 초나라의 시인이었던 굴원(屈原)을 기념하며 만든 음식인 '쫑즈 粽子 zòngzi'를 먹는 풍습이 있습니다. 쫑즈는 대나무 잎에 밥을 싸서 찐 맛있는 음식이랍니다.

想 想 会 能

想

41 xiǎng ● 생각하다, 그리워하다

① 우리들은 모두 네가 그리워.

② 나는 줄곧 너를 그리워하고 있어.

③ 너 지금 뭘 생각하니?

④ 생각을 좀 하고 나서 다시 말해 줘.

⑤ 방법 하나가 생각났어.

생각하다, 그리워하다 　想 xiǎng 　　~하고 있다, ~하는 중이다 　着 zhe
다시, 또 　再 zài 　　생각나다, 떠오르다 　想出 xiǎngchū
방법 　办法 bànfǎ

41 想

① Wǒmen dōu hěn xiǎng nǐ
我们都很想你。

② Wǒ yìzhí xiǎngzhe nǐ
我一直想着你。

③ Nǐ xiànzài xiǎng shénme
你现在想什么?

④ Nǐ xiǎng yi xiǎng zài shuō ba
你想一想再说吧。

⑤ Wǒ xiǎngchū yí ge bànfǎ le
我想出一个办法了。

시간이 다 되었습니다.
⇩
时间到了。Shíjiān dào le.

想

想 ● '생각하다, 그리워하다' 등의 뜻을 가진 동사입니다. '~라고 생각하다'의 뜻으로 쓰일 때도 있답니다. 누군가를 그리워한다는 것을 표현할 때 이 동사를 많이 사용하지요.

[생각하다] **你想谁？** Nǐ xiǎng shéi?
너 누구 생각해?

[생각하다] **你不要想他。他已经走了。**
Nǐ búyào xiǎng tā. Tā yǐjīng zǒu le.
너 그 사람 생각하지 마. 그는 이미 가 버렸어.

[그리워하다] **你什么时候最想他呢？**
Nǐ shénmeshíhou zuì xiǎng tā ne?
넌 언제 가장 그가 그립니?

동사+着 ● '着 zhe'는 '~하고 있다, ~하는 중이다' 등으로 해석될 수 있습니다. 앞서 배운 在가 동작의 진행을 강조한다면 着는 상태의 지속을 강조한다는 점에서 조금 차이가 있답니다.

他一直等着你。 Tā yìzhí děngzhe nǐ.
그는 줄곧 너를 기다리고 있어.

你为什么在那儿坐着？ Nǐ wèishénme zài nàr zuòzhe?
너는 왜 거기에 앉아 있니?

听着，我一定要一直想你。 Tīngzhe, wǒ yídìng yào yìzhí xiǎng nǐ.
들어 봐. 나는 반드시 너를 계속 생각할 거야.

想

42 xiǎng ● ~하고 싶다

① 나는 그녀와 결혼하고 싶어.

② 너는 어떤 게 먹고 싶니?

③ 지금 넌 뭘 말하고 싶어?

④ 내년에 나는 중국으로 유학 가고 싶어.

⑤ 네가 먹고 싶은 대로 먹어.

~하고 싶다 **想** xiǎng 결혼하다, 결혼 **结婚** jiéhūn
내년 **明年** míngnián 유학하다, 유학 **留学** liúxué
곧, 즉시, ~하면 **就** jiù

想

① Wǒ xiǎng gēn tā jiéhūn
我**想**跟她结婚。

② Nǐ xiǎng chī nǎ yí ge
你**想**吃哪一个？

③ Xiànzài nǐ xiǎng shuō shénme
现在你**想**说什么？

④ Míngnián wǒ xiǎng qù Zhōngguó liúxué
明年我**想**去中国留学。

⑤ Nǐ xiǎng chī shénme jiù chī shénme
你**想**吃什么就吃什么。

뭐가 고맙다고 그래.
ⓒ
感谢什么啊。Gǎnxiè shénme a.

想

想 ● '想 xiǎng'에는 두 가지 뜻이 있습니다. 41과에서 배운 '그리워하다, 생각하다'라는 뜻의 동사와 이번 과에 나온 '~하고 싶다'라는 뜻의 조동사입니다. '要 yào'에 비해서 바람, 희망의 의미가 좀 더 강하지요. 반대말은 '不想 bùxiǎng'으로 '~하고 싶지 않다'의 의미이며 要를 부정하는 뜻으로도 쓰입니다.

我想看电影。 Wǒ xiǎng kàn diànyǐng. 나는 영화를 보고 싶어.
我不想见他。 Wǒ bùxiǎng jiàn tā. 나는 그를 만나고 싶지 않아.

跟~结婚 ● '结婚 jiéhūn'은 '결혼하다'라는 뜻의 동사로, 앞에 전치사 '跟 gēn'을 써서 '~와 결혼하다'라고 표현합니다. 즉, '跟+대상+结婚'의 어순으로 쓰이지요.

你想跟他结婚吗? Nǐ xiǎng gēn tā jiéhūn ma? 너는 그와 결혼하고 싶니?
你要什么时候跟他结婚? Nǐ yào shénmeshíhou gēn tā jiéhūn?
너는 언제 그와 결혼할 거야?

想吃什么就吃什么 ● '就 jiù'는 굉장히 다양한 뜻을 갖고 있는 부사로 매우 자주 쓰이는 어휘 중 하나입니다. 여기에서는 '~하면'이라는 뜻으로 쓰였답니다. 이 문장을 직역하면 '무엇을 먹고 싶으면 무엇을 먹어'가 되는데, 즉 '먹고 싶은 대로 먹어'의 의미입니다. 어순은 '동사+의문사+就+동사+의문사'로 되어 있습니다.

你想说什么就说什么。 Nǐ xiǎng shuō shénme jiù shuō shénme.
네가 말하고 싶은 대로 말해.
你要去哪儿就去哪儿。 Nǐ yào qù nǎr jiù qù nǎr.
네가 가고 싶은 대로 가.

会

43 huì ● ~할 줄 안다, ~일 것이다

① 그는 자전거를 탈 줄 안다.

② 미안한데, 나는 중국어를 할 줄 몰라.

③ 너는 중국 노래를 부를 줄 아니?

④ 그는 컴퓨터를 아주 잘해.

⑤ 내일은 더 좋아질 거야.

~할 줄 안다, ~일 것이다 会 huì   (자전거, 말 등을) 타다 骑 qí
자전거 自行车 zìxíngchē   사용하다 用 yòng

① Tā huì qí zìxíngchē
他**会**骑自行车。

② Bùhǎoyìsi, wǒ búhuì shuō Hànyǔ
不好意思，我不**会**说汉语。

③ Nǐ huì bu huì chàng Zhōngguó gē
你**会**不会唱中国歌？

④ Tā hěn huì yòng diànnǎo
他很**会**用电脑。

⑤ Míngtiān huì gèng hǎo
明天**会**更好。

난 또 누구라고.

我当是谁呢。Wǒ dàngshì shéi ne.

会

会 ● '会 huì'는 두 가지 뜻을 가진 조동사입니다. '~할 줄 안다'라는 뜻과 '~일 것이다'라는 뜻을 모두 갖고 있지요. '~할 줄 안다'는 어떤 능력보다 주로 배워서 할 줄 아는 경우에 쓰입니다. 또한 '~일 것이다'라는 주관적인 추측을 나타낼 때도 쓰인답니다. '很会 hěn huì'는 '~을 아주 잘한다'라는 의미를 갖고 있습니다.

[~할 줄 안다] 你会打乒乓球吗? Nǐ huì dǎ pīngpāngqiú ma?
너는 탁구 칠 줄 아니?

[~할 줄 안다] 听说你很会喝酒, 是吗?
Tīngshuō nǐ hěn huì hējiǔ, shì ma?
듣자 하니 너 술을 아주 잘 마신다고 하던데, 그러니?

[~일 것이다] 她会等你。 Tā huì děng nǐ.
그녀는 너를 기다릴 거야.

[~일 것이다] 小金会跟她结婚。 Xiǎo Jīn huì gēn tā jiéhūn.
샤오 진은 그녀와 결혼할 거야.

骑 ● 일반적으로 '~을 타다'라는 뜻의 동사는 '坐 zuò'를 쓰지만, 자전거, 오토바이, 말 등을 탄다고 할 때는 坐가 아닌 '骑 qí'를 써야 한답니다. 관련 표현은 P. 272를 참고하세요.

你会骑自行车吗? Nǐ huì qí zìxíngchē ma?
너 자전거 탈 줄 아니?

我想骑马。 Wǒ xiǎng qí mǎ.
나는 말을 타고 싶어.

・马 mǎ 말

能

44 néng ● ~할 수 있다

① 나는 지금 인터넷에 접속할 **수 있어**.

② 나한테 보여 줄 **수 있니**?

③ 내일 우리 집에 올 **수 있니**?

④ 나 혼자서는 다섯 개를 먹을 **수 없어**.

⑤ 나에게 좀 소개해 줄 **수 있니**?

~할 수 있다　能 néng　　　　　인터넷에 접속하다　上网 shàngwǎng
한 사람, 혼자　一个人 yí ge rén　　소개하다　介绍 jièshào

能

Wǒ xiànzài néng shàngwǎng
① 我现在能上网。

Nǐ néng gěi wǒ kàn ma
② 你能给我看吗?

Míngtiān nǐ néng lái wǒ jiā ma
③ 明天你能来我家吗?

Wǒ yí ge rén bùnéng chī wǔ ge
④ 我一个人不能吃五个。

Nǐ néng bu néng gěi wǒ jièshào yíxià
⑤ 你能不能给我介绍一下?

여기에서 먼가요?
⇩
离这儿远吗? Lí zhèr yuǎn ma?

能

能 ● '~할 수 있다'라는 뜻의 조동사입니다. '배워서 할 줄 안다'라는 의미를 지닌 '会 huì'와는 달리 '~할 능력이 있다'라는 의미를 갖고 있답니다. 부정의 뜻을 나타낼 땐 '不能 bùnéng'을 씁니다.

我什么时候能看? Wǒ shénmeshíhou néng kàn?
내가 언제 볼 수 있을까?

你一个人能吃那么多吗? Nǐ yí ge rén néng chī nàme duō ma?
너 혼자서 그렇게 많이 먹을 수 있어?

对不起，现在我不能回家。Duìbuqǐ, xiànzài wǒ bùnéng huíjiā.
미안해, 지금 내가 집에 갈 수 없어.

一个人 ● '한 사람'이란 뜻을 가진 명사이지만, 문장에서 쓰일 때는 '혼자서'라고 해석하는 게 가장 자연스럽습니다.

我一个人能做什么? Wǒ yí ge rén néng zuò shénme?
나 혼자서 뭘 할 수 있겠어?

为什么你一个人来了? Wèishénme nǐ yí ge rén lái le? 왜 너 혼자 왔어?

你不要一个人去。Nǐ búyào yí ge rén qù. 너 혼자서 가지 마.

给~介绍 ● '介绍 jièshào'는 '소개하다'라는 뜻을 가진 명사입니다. '给 gěi'와 함께 쓰이면 '~에게 소개하다'라는 뜻이 되지요. 처음 만나서 소개할 때 많이 쓰는 구문이므로 반복해서 연습해 봅시다.

我给你介绍一下。Wǒ gěi nǐ jièshào yíxià.
내가 너한테 소개 좀 해 줄게.

请给我介绍你的朋友。Qǐng gěi wǒ jièshào nǐ de péngyou.
나에게 네 친구를 소개해 줘.

앞에서 배운 20마디 중국어를 이용해 회화 연습을 해 보세요.
한국어 부분이 바로 중국어로 튀어나오면
당신은 이미 중국어 고수!

| 실전
생생
연습
一 | A 너 자전거 탈 줄 알아?
B 탈 줄 알아. 나 자전거 탈 줄 알아.
A 그러면 너 내일 나랑 같이 자전거 타러 갈 수 있어? |

199.mp3

A 너 자전거 탈 줄 알아?

B 会，我会骑自行车。
Huì　wǒ huì qí zìxíngchē

A 그러면 너 내일 나랑 같이 자전거 타러 갈 수 있어?

A 你会骑自行车吗？
Nǐ huì qí zìxíngchē ma

B 탈 줄 알아. 나 자전거 탈 줄 알아.

A 那么，你明天能不能跟我一起去骑自行车？
Nàme　nǐ míngtiān néng bu néng gēn wǒ yìqǐ qù qí zìxíngchē

실전
생생
연습
二

A 너 뭐 먹고 싶어?
B 난 뭐든지 다 좋아.
  네가 먹고 싶은 거 먹어.
A 그러면 생각 좀 해 보고
  다시 얘기할게.

200.mp3

A 너 뭐 먹고 싶어?

B 我什么都好。你想吃什么就吃什么。
  Wǒ shénme dōu hǎo   Nǐ xiǎng chī shénme jiù chī shénme

A 그러면 생각 좀 해 보고 다시 얘기할게.

A 你想吃什么？
  Nǐ xiǎng chī shénme

B 난 뭐든지 다 좋아. 네가 먹고 싶은 거 먹어.

A 那么，我要想一想再说。
  Nàme   wǒ yào xiǎng yi xiǎng zài shuō

흥미진진
차!
이!
나!

"중국의 전통예술, 경극과 변검"

중국의 전통예술 장르에는 여러 가지가 있지만 그중에서 대표적인 것을 꼽으라면 아마 경극과 변검일 것입니다.

① 京剧 Jīngjù **경극**

'베이징 오페라'라고 불리는 경극 '京剧 Jīngjù'는 우리나라의 판소리에 해당하는 중국의 전통예술 장르 중 하나입니다. 특별한 무대장치도 없이 상징적인 연기로 상황을 나타내는 것이 특징이지요. 의상의 색과 무늬에 따라 인물의 신분과 직업 등을 알 수 있답니다. 한마디로 경극은 극의 대본은 물론 음악, 노래, 분장, 의상, 소품 등의 여러 요소들이 복합적으로 결합된 일종의 종합예술이라고 할 수 있을 것입니다.

각 인물의 성격과 특징에 따라 얼굴의 분장이 달라진다는 게 가장 큰 특징인데요. 경극의 배역은 크게 생(生 남자 역), 단(旦 여자 역), 정(净 난폭하고 간사한 역), 축(丑 어릿광대 역), 말(末 단역)로 나뉜답니다. 경극 배우들은 아예 어릴 때부터 전문 양성학교에서 각자의 소질에 따라 전문적인 배역을 익히게 됩니다. 각각의 배역에 따라 노래, 대사, 액션 등 중점을 두는 부분이 다르기 때문입니다.

② 变脸 biànliǎn **변검**

손을 휙 내저으면 순식간에 얼굴의 가면이 바뀌는 신비한 기술인 변검은 중국이 자랑하는 전통예술 장르 중 하나입니다. 원래는 중국의 쓰촨 四川 Sìchuān 지역의 문화를 대표하는 예술이었지만 이제는 중국 전체를 대표한다고 해도 과언이 아닐 만큼 세계적인 명성을 얻게 되었지요. 고개를 휙 젖히거나 팔을 휘두르고 또는 다리를 차는 다양한 동작을 하는 사이에 얼굴의 가면인 리엔푸 脸谱 liǎnpǔ가 바뀌는 장면은 관객들로 하여금 탄성을 자아내게 합니다.

可以
打算
需要
应该

45 〉48
제목 미리 보기

可以

45 kěyǐ ～해도 된다, ～할 수 있다

① 내 지갑을 가져가도 돼.

② 좋아, 넌 집에 돌아가도 돼.

③ 여기에서 사진을 찍으면 안 돼.

④ 너한테 질문 하나 해도 될까?

⑤ 네 컴퓨터를 써도 될까?

～해도 된다, ～할 수 있다 **可以 kěyǐ**　　　　지갑 **钱包 qiánbāo**
사진을 찍다, 촬영하다 **照相 zhàoxiàng**

45 可以

① Nǐ kěyǐ dài wǒ de qiánbāo
你**可以**带我的钱包。

② Hǎo nǐ kěyǐ huíjiā
好，你**可以**回家。

③ Bù kěyǐ zài zhèr zhàoxiàng
不**可以**在这儿照相。

④ Wǒ kěyǐ wèn nǐ yí ge wèntí ma
我**可以**问你一个问题吗？

⑤ Wǒ kěyǐ yòng nǐ de diànnǎo ma
我**可以**用你的电脑吗？

모두 너 때문이야.
都怪你。Dōu guài nǐ.

可以

可以 ● '可以 kěyǐ'는 '~해도 된다' 또는 '~할 수 있다'라는 뜻을 가진 조동사로 허가나 가능을 나타낼 때 주로 쓰입니다. 부정형은 '不可以 bù kěyǐ'라고 쓰며, 의문형은 '可以~吗?' 혹은 '可不可以 ~?'라고 쓸 수 있습니다.

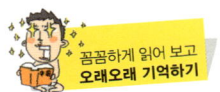

我可以在这儿吃东西吗? Wǒ kěyǐ zài zhèr chī dōngxi ma?
여기에서 뭘 먹어도 되나요?

你不可以喝酒。 Nǐ bù kěyǐ hējiǔ.
너 술 마시면 안 돼.

我可不可以去洗手间? Wǒ kě bu kěyǐ qù xǐshǒujiān?
저 화장실에 가도 될까요?

▶ 문장 확장 연습

我介绍书吗? Wǒ jièshào shū ma? 제가 책을 소개합니까?

我可以介绍书吗? Wǒ kěyǐ jièshào shū ma? 제가 책을 소개해도 될까요?

我可以介绍一下书吗? Wǒ kěyǐ jièshào yíxià shū ma?
제가 책을 좀 소개해도 될까요?

我可以介绍一下我的书吗? Wǒ kěyǐ jièshào yíxià wǒ de shū ma?
저의 책을 좀 소개해도 될까요?

我可以介绍一下我写的书吗? Wǒ kěyǐ jièshào yíxià wǒ xiě de shū ma?
제가 쓴 책을 좀 소개해도 될까요?

我可以在这儿介绍一下我写的书吗?
Wǒ kěyǐ zài zhèr jièshào yíxià wǒ xiě de shū ma?
제가 여기에서 제가 쓴 책을 좀 소개해도 될까요?

我可以在这儿给你们介绍一下我写的书吗?
Wǒ kěyǐ zài zhèr gěi nǐmen jièshào yíxià wǒ xiě de shū ma?
제가 여기에서 여러분에게 제가 쓴 책을 좀 소개해도 될까요?

打算

46 dǎsuan ● ~할 작정이다, ~할 계획이다

① 나는 내년에 중국에 갈 계획이야.

② 너는 언제 결혼할 계획이니?

③ 이 책은 내가 그에게 줄 작정이야.

④ 나는 오늘 오후에 집에서 쉴 계획이야.

⑤ 나는 오늘 좀 일찍 잘 생각이야.

~할 작정이다, ~할 계획이다 打算 dǎsuan   오후 下午 xiàwǔ
좀 일찍 早点 zǎodiǎn

打算

① Wǒ dǎsuan míngnián qù Zhōngguó
我**打算**明年去中国。

② Nǐ dǎsuan shénmeshíhou jiéhūn
你**打算**什么时候结婚？

③ Zhè běn shū wǒ dǎsuan gěi tā
这本书我**打算**给他。

④ Wǒ dǎsuan jīntiān xiàwǔ zài jiā xiūxi
我**打算**今天下午在家休息。

⑤ Wǒ dǎsuan jīntiān zǎodiǎn shuìjiào
我**打算**今天早点睡觉。

그녀는 귀엽기도 하고 예쁘기도 하다.
😊
她又可爱又漂亮。Tā yòu kě'ài yòu piàoliang.

46
打算

打算 ● '~할 작정이다, ~할 계획이다'라는 뜻을 가진 조동사입니다. 희망사항보다는 '계획, 예정'을 나타내는 의미가 더 강합니다.

你打算明年做什么？ Nǐ dǎsuan míngnián zuò shénme?
너 내년에는 뭘 계획이니?

我打算今年跟朋友一起去旅游。
Wǒ dǎsuan jīnnián gēn péngyou yìqǐ qù lǚyóu.
나는 올해 친구와 함께 여행을 갈 계획이야.

我打算明天回家。Wǒ dǎsuan míngtiān huíjiā.
나는 내일 집에 갈 생각이야.

下午 ● '오후'라는 뜻입니다. 이미 16과와 연관된 P. 268에서 시간을 나타내는 말을 다루었으므로 다시 한 번 복습해 봅시다.

早上 zǎoshang 아침 → 上午 shàngwǔ 오전 → 中午 zhōngwǔ 정오

→ 下午 xiàwǔ 오후 → 晚上 wǎnshang 저녁

你晚上几点睡觉？ Nǐ wǎnshang jǐ diǎn shuìjiào?
넌 저녁 몇 시에 잠을 자니?

明天早上我一个人去看电影。
Míngtiān zǎoshang wǒ yí ge rén qù kàn diànyǐng.
내일 아침에 나 혼자 영화를 보러 가.

我们明天下午四点见面吧。Wǒmen míngtiān xiàwǔ sì diǎn jiànmiàn ba.
우리 내일 오후 4시에 만나자.

205

需要

47 xūyào ● 필요하다, 요구되다

① 너는 지금 얼마가 필요하니?

② 나는 매우 많은 시간이 더 필요해.

③ 그는 나의 도움이 필요해.

④ 시험을 치는 데 시간이 얼마나 필요하니?

⑤ 지금 집에 가려면 세 시간이 걸려.

필요하다, 요구되다 需要 xūyào 도움, 돕다, 도와주다 帮助 bāngzhù
시험, 시험 보다 考试 kǎoshì 얼마나 오랜 시간 多长时间 duō cháng shíjiān

① Nǐ xiànzài xūyào duōshaoqián
你现在需要多少钱？

② Wǒ hái xūyào hěn duō shíjiān
我还需要很多时间。

③ Tā xūyào wǒ de bāngzhù
他需要我的帮助。

④ Kǎoshì xūyào duō cháng shíjiān
考试需要多长时间？

⑤ Xiànzài huíjiā xūyào sān ge xiǎoshí
现在回家需要三个小时。

천만에요. 아직 멀었어요.

哪儿啊，还差得远呢。Nǎr a, hái chà de yuǎn ne.

需要

需要 ● '필요하다, 요구되다'라는 뜻을 가진 동사입니다. 뒤에 명사가 오는 경우가 많지만 때에 따라서는 동작 전체가 따라오기도 합니다. 부정형은 '필요 없어'라는 뜻으로 '不需要 bù xūyào'라고 하면 됩니다.

我需要那本书，可以借我吗? Wǒ xūyào nà běn shū, kěyǐ jiè wǒ ma?
나는 그 책이 필요한데, 나한테 빌려 줄 수 있니?

我不需要那么多钱。Wǒ bù xūyào nàme duō qián.
나는 그렇게 많은 돈이 필요 없어.

多长时间 ● '多 duō'는 원래 '많다'라는 뜻을 갖고 있지만 의문문에서는 '얼마나'라는 뜻으로 쓰이기도 합니다. 즉, 多 뒤에 형용사가 놓여서 '얼마나 ~하니?'라는 의미가 되는 것이지요. 그래서 '多长时间 duō cháng shíjiān'은 '얼마나 오랜 시간'이라는 뜻이 됩니다. 이런 '多+형용사'는 하나의 단어처럼 고정되어 사용하는 경우가 많으므로 잘 기억해 둡시다.

你学了多长时间? Nǐ xué le duō cháng shíjiān?
너는 얼마나 오래 배웠니?

你今年多大? Nǐ jīnnián duō dà?
너는 올해 나이가 몇이니?

你多高? Nǐ duō gāo?
너는 키가 몇이니?

应该

48 yīnggāi ● ~해야 한다, ~하는 것이 마땅하다

① 너는 열심히 공부**해야 해**.

② 문제없어, 이건 **당연한 거야**.

③ 그러면 내가 어떻게 말**하는 게** 좋을까?

④ 우리는 **반드시** 다른 사람을 도와줘**야만 해**.

⑤ 너희들은 **반드시** 엄마의 말을 들어**야 돼**.

~해야 한다, ~하는 것이 마땅하다	应该 yīnggāi	진지하다, 열심히	认真 rènzhēn
공부하다	学习 xuéxí	문제없다, 자신 있다	没问题 méiwèntí
다른 사람	别人 biérén	말을 잘 듣다, 순종하다	听话 tīnghuà

应该

① Nǐ yīnggāi rènzhēn xuéxí
你应该认真学习。

② Méiwèntí zhè shì yīnggāi de
没问题，这是应该的。

③ Nàme wǒ yīnggāi zěnme shuō hǎo ne
那么我应该怎么说好呢？

④ Wǒmen yīnggāi bāngzhù biérén
我们应该帮助别人。

⑤ Nǐmen yīnggāi tīng māma de huà
你们应该听妈妈的话。

믿거나 말거나
ⓥ
信不信由你。Xìn bu xìn yóu nǐ.

48 应该

应该 ● '~해야 한다'라는 뜻을 가진 조동사입니다. 부정형은 '不应该 bù yīnggāi'라고 말하며 '~해서는 안 된다'라는 뜻을 나타내지요. 구어체에서는 应을 생략하고 该라고만 말할 때도 많습니다.

我们应该坐飞机去。Wǒmen yīnggāi zuò fēijī qù.
우리는 꼭 비행기 타고 가야 돼.

你应该吃这个。Nǐ yīnggāi chī zhège.
너는 이걸 먹어야만 해.

你不应该跟他结婚。Nǐ bù yīnggāi gēn tā jiéhūn.
너는 그와 결혼해서는 안 돼.

没问题 ● 문자 그대로 '문제없다, 자신 있다, 확신하다' 등의 뜻을 갖고 있습니다. 주로 회화체에서 많이 쓰이며 뭔가 자신감을 표현할 때 자주 사용합니다.

没问题，我可以帮助你。Méiwèntí, wǒ kěyǐ bāngzhù nǐ.
문제없어, 내가 너를 도와줄게.

没问题，我们一起去吧。Méiwèntí, wǒmen yìqǐ qù ba.
문제없어, 우리 같이 가자.

听话 ● '말을 잘 듣다, 순종하다'의 의미를 가진 단어입니다. '~의 말을 잘 듣다'라는 말은 '听~的话'라고 쓰면 됩니다.

他为什么那么不听话？Tā wèishénme nàme bù tīnghuà?
그는 왜 그렇게 말을 안 듣니?

他会听老师的话。Tā huì tīng lǎoshī de huà.
그는 선생님의 말씀을 잘 들을 거야.

앞에서 배운 20마디를 이용해
회화 연습을 해 보세요.
한국어를 보고 중국어가 바로 튀어나오면
당신은 이미 중국어 고수!

실전
생생
연습
一

A 난 너의 도움이 필요해. 너 나를
  도와줄 시간 있어?
B 문제없어, 내가 너 도와줄게.
  이건 당연한 거지.
A 고마워.

217.mp3

A 난 너의 도움이 필요해. 너 나를 도와줄 시간 있어?

B 没问题，我可以帮助你。这是应该的。
  Méiwèntí　　wǒ　kěyǐ　bāngzhù nǐ　　Zhè shì yīnggāi de

A 고마워.

A 我需要你的帮助。你有没有时间帮助我？
  Wǒ xūyào nǐ de bāngzhù　Nǐ yǒu méiyǒu shíjiān bāngzhù wǒ

B 문제없어, 내가 너 도와줄게. 이건 당연한 거지.

A 谢谢。
  Xièxie

| 실전생생연습 二 | A 지금 우리 사진 찍으러 가자.
B 난 오늘 좀 일찍 집에 가서 쉬고 싶어.
A 좋아, 그럼 우리 내일 만나자. |

218.mp3

A 지금 우리 사진 찍으러 가자.

B 我想今天早点回家休息。
Wǒ xiǎng jīntiān zǎodiǎn huíjiā xiūxi

A 좋아, 그럼 우리 내일 만나자.

A 现在我们一起去照相吧。
Xiànzài wǒmen yìqǐ qù zhàoxiàng ba

B 난 오늘 좀 일찍 집에 가서 쉬고 싶어.

A 好,那么我们明天见吧。
Hǎo nàme wǒmen míngtiān jiàn ba

213

흥미진진
차!
이!
나!

"마음까지 행복해지는 중국의 음식"

중국 음식은 크게 4대 요리로 나눌 수 있습니다. 단, 우리나라와 중국 대륙에서 꼽는 4대 요리에는 약간의 차이가 있습니다.

먼저 일반적으로 중국 사람들은 지역의 관점에 따라 4대 요리를 분류합니다. 즉, 담백하고 산뜻한 특징을 지닌 샨동 山东 Shāndōng 지방의 요리 루차이 鲁菜 Lǔcài, 매운 맛이 강렬한 쓰촨 四川 Sìchuān 지방의 요리 촨차이 川菜 Chuāncài, 해산물을 비롯한 다양한 재료를 쓰는 걸로 유명한 광동 广东 Guǎngdōng 지방의 요리 위에차이 粤菜 Yuècài, 그리고 달콤함이 매력적인 샹하이 上海 Shànghǎi 일대 지역의 요리 쑤차이 苏菜 Sūcài가 바로 그것입니다. 이에 비해 우리나라에서는 베이징 요리 北京菜 Běijīng cài, 샹하이 요리 上海菜 Shànghǎi cài, 쓰촨 요리 四川菜 Sìchuān cài, 광동 요리 广东菜 Guǎngdōng cài로 나눕니다.

베이징 요리는 맛이 진하고 기름기가 많은 편입니다. 베이징 오리구이인 '베이징 카오야 北京烤鸭 Běijīng kǎoyā'가 가장 유명하답니다. 샹하이 요리는 달콤하고 부드러운 맛이 특징으로, 만두인 '시아오롱빠오 小笼包 xiǎolóngbāo'가 유명합니다. 쓰촨 요리는 입 안이 마비될 만큼 얼얼하게 매운 맛이 특징으로 '마포떠우푸 麻婆豆腐 mápódòufu'가 대표적이고요. 마지막으로 광동 요리는 중국 요리 중에서도 가장 으뜸으로 꼽히며 담백한 맛이 특징이랍니다. 우리에게도 잘 알려진 '딤섬 点心 diǎnxin'이 대표적이지요.

사실 중국 요리 특유의 향이 입에 맞지 않는다고 토로하는 분들도 계시지만, 우리 입맛에 잘 맞지 않는 향이 들어간 메뉴만 잘 빼고 주문한다면 아마 중국 요리의 깊고 심오한 맛에 금세 반하게 되실 거예요.

过着
知道
喜欢

49 〉 52
제목 미리 보기

过

49 guò ● 건너다, 지내다, ~했던 적이 있다

① 요즘 어떻게 지내니?

② 큰길을 건널 때는 조심해야 해.

③ 너는 중국에 가 본 적이 있니?

④ 나는 중국 음식을 먹어 본 적이 없어.

⑤ 나는 네 친구를 만난 적이 있는 것 같아.

건너다, 지내다, ~했던 적이 있다	过 guò	최근	最近 zuìjìn
찻길, 대로, 큰길	马路 mǎlù	~할 때	~的时候 ~de shíhou
조심하다	小心 xiǎoxīn	마치 ~과 같다	好像 hǎoxiàng

① Nǐ zuìjìn guò de zěnmeyàng
你最近过得怎么样？

② Guò mǎlù de shíhou, nǐ yīnggāi xiǎoxīn
过马路的时候，你应该小心。

③ Nǐ qùguo Zhōngguó ma
你去过中国吗？

④ Wǒ méi chīguo Zhōngguó cài
我没吃过中国菜。

⑤ Wǒ hǎoxiàng jiànguo nǐ de pénggyou
我好像见过你的朋友。

말해도 소용없다.

说也白说。Shuō yě bái shuō.

过

过 ● '过 guò'는 두 가지 의미와 용법을 갖고 있습니다. 하나는 '건너다, 지내다'라는 의미의 동사로 쓰입니다. 그리고 또 하나는 '~한 적이 있다'라는 '경험'을 나타내는 조사로 '동사+过'의 형태로 쓰인답니다. 이때 부정형은 '没+동사+过'라고 쓰면 됩니다. '경험'의 의미로 쓰일 때는 4성이 아닌 경성으로 발음한다는 점에 주의하세요.

[지내다] **最近我过得不太好。** Zuìjìn wǒ guò de bútài hǎo.
요즘 난 그다지 잘 지내지 못해.

[~한 적이 있다] **你来过这儿吗?** Nǐ láiguo zhèr ma? 너 여기 와 봤니?

~的时候

● '~할 때'라는 뜻을 갖고 있는 말로 회화 구문에서 다양하게 쓰이는 어휘 중 하나입니다. 특별한 문법이 없이 그냥 뒤에 붙이면 되기 때문에 사용하기에도 매우 간단하답니다.

你回家的时候，一定要小心。
Nǐ huíjiā de shíhou, yídìng yào xiǎoxīn.
너 집에 갈 때, 반드시 조심해야 돼.

你在家的时候，应该听妈妈的话。
Nǐ zài jiā de shíhou, yīnggāi tīng māma de huà.
집에 있을 때는 반드시 엄마 말을 들어야 돼.

好像

● '마치 ~와 같다' 또는 '~와 비슷하다'라는 뜻을 가진 부사입니다. 비유 또는 추측의 뜻을 나타낼 때 많이 사용하는 어휘랍니다.

今天天气好像不太冷。 Jīntiān tiānqì hǎoxiàng bútài lěng.
오늘 날씨는 그다지 춥지 않은 것 같아.

他好像没有钱。 Tā hǎoxiàng méiyǒu qián. 그는 돈이 없는 것 같아.

她好像还没吃饭。 Tā hǎoxiàng hái méi chīfàn. 그녀는 아직 밥을 안 먹은 것 같아.

着

50 zhe ● ~하는 중이다, ~한 채로

① 그는 줄곧 너를 기다리고 있어.

② 괜찮아, 앉아서 말해.

③ 그는 TV를 보고 있어.

④ 선생님은 서서 수업을 하셔.

⑤ 너는 남동생을 데리고 집에 돌아가라.

~하는중이다, ~한채로 着 zhe   TV 电视 diànshì
서다 站 zhàn   수업하다 上课 shàngkè
남동생 弟弟 dìdi

50
着

① Tā yìzhí děngzhe nǐ
他一直等着你。

② Méiguānxi nǐ zuòzhe shuō ba
没关系，你坐着说吧。

③ Tā kànzhe diànshì ne
他看着电视呢。

④ Lǎoshī zhànzhe shàngkè
老师站着上课。

⑤ Nǐ dàizhe dìdi huíjiā ba
你带着弟弟回家吧。

아부하다
拍马屁 Pāi mǎpì

着

동사＋着 ● 조사 '着 zhe'에는 두 가지 의미가 있습니다. 그중 첫 번째 의미는 지난 41과에서 다루었던 내용이지요. 복습해 보자면 동사 뒤에 놓여서 '~하고 있다, ~하는 중이다'라는 지속의 의미를 더합니다.

他一直等着你。Tā yìzhí děngzhe nǐ.
그는 줄곧 너를 기다리고 있어.

你为什么在那儿坐着？Nǐ wèishénme zài nàr zuòzhe?
너는 왜 거기에 앉아 있니?

听着，我一定要一直想着你。Tīngzhe, wǒ yídìng yào yìzhí xiǎngzhe nǐ.
들어 봐. 나는 반드시 너를 계속 생각할 거야.

동사＋着＋동사 ● 조사 着의 두 번째 의미는 동사와 동사 사이에 놓여서 두 동작이 연이어 진행됨을 나타내거나 둘 사이에 '수단, 목적, 방식' 등의 관계가 있음을 나타내지요. 때로는 '상태'와 '동작'을 구분해서 나타내 주는 등 두 동사를 연결하는 데 쓰입니다.

他为什么站着睡觉？Tā wèishénme zhànzhe shuìjiào?
그는 왜 서서 잘까?

请你不要站着说。Qǐng nǐ búyào zhànzhe shuō.
서서 말하지 말아 줘.

你可以坐着吃饭。Nǐ kěyǐ zuòzhe chīfàn.
너는 앉아서 밥을 먹어도 돼.

知道

51 zhīdào ● 알다

① 나는 그가 유학생이라는 걸 알아.

② 내일 수업 없는 거 알아?

③ 그는 다음 주 수요일에 시험이 있다는 것을 알지 못해.

④ 나도 그가 어느 나라 사람인지 알고 싶어.

⑤ 나는 네가 어떻게 지내는지 알고 싶어.

알다　知道 zhīdào　　　　유학생　留学生 liúxuéshēng
수업　课 kè

知道

① Wǒ zhīdào tā shì liúxuéshēng
我**知道**他是留学生。

② Nǐ zhīdào míngtiān méiyǒu kè ma
你**知道**明天没有课吗？

③ Tā bùzhīdào xià xīngqīsān yǒu kǎoshì
他不**知道**下星期三有考试。

④ Wǒ yě xiǎng zhīdào tā shì nǎ guó rén
我也想**知道**他是哪国人。

⑤ Wǒ xiǎng zhīdào nǐ guò de zěnmeyàng
我想**知道**你过得怎么样。

불난 집에 부채질한다.
火上加油。Huǒ shàng jiāyóu.

51

知道

知道 ● '알다, 이해하다'라는 의미를 지닌 동사입니다. 주로 어떤 사실을 안다고 할 때 쓰이되, '사람, 길 등을 안다'라는 뜻으로는 쓰이지 않음에 주의하세요. 부정형은 '不知道 bùzhīdào'라고 표현하며, 의문문은 '知道~吗?' 또는 '知不知道~?'의 형태로 쓰입니다.

你知道他现在在中国吗? Nǐ zhīdào tā xiànzài zài Zhōngguó ma?
너 그가 지금 중국에 있다는 사실을 아니?

我不知道他什么时候回国。
Wǒ bùzhīdào tā shénmeshíhou huíguó.
나는 그가 언제 귀국할지 모르겠어.

你怎么知道他不会说汉语?
Nǐ zěnme zhīdào tā búhuì shuō Hànyǔ?
그가 중국어를 할 줄 모른다는 사실을 네가 어떻게 아니?

下星期三 ● 16과에서 날짜 표현을 배우면서 P. 266을 통해 요일을 나타내는 어휘도 알려 드렸습니다. 월요일은 '星期一 xīngqīyī', 화요일은 '星期二 xīngqī'èr', 그리고 일요일은 '星期天 xīngqītiān'이라고 하지요. 그리고 지난주, 이번 주, 다음 주는 각각 다음과 같이 표현합니다.

上星期三 shàng xīngqīsān 지난주 수요일

这星期三 zhè xīngqīsān 이번 주 수요일

下星期三 xià xīngqīsān 다음 주 수요일

下星期五是几月几号? Xià xīngqīwǔ shì jǐ yuè jǐ hào?
다음 주 금요일이 몇 월 며칠이야?

这星期天你打算做什么? Zhè xīngqītiān nǐ dǎsuan zuò shénme?
이번 주 일요일에 넌 뭘 할 생각이니?

上星期二我在百货公司见过你。
Shàng xīngqī'èr wǒ zài bǎihuògōngsī jiànguo nǐ.
지난주 화요일에 백화점에서 너를 봤어.

喜欢

52 xǐhuan ● 좋아하다

① 너는 무슨 운동을 좋아하니?

② 나는 무엇이든 다 좋아해.

③ 우리는 모두 한국 영화 보는 것을 좋아해.

④ 그건 내가 좋아하는 색깔이 아니야.

⑤ 나는 친구와 수다 떠는 걸 굉장히 좋아해.

좋아하다 **喜欢** xǐhuan   운동, 운동하다 **运动** yùndòng
색깔 **颜色** yánsè   잡담하다, 수다 떨다 **聊天** liáotiān

喜欢

① Nǐ xǐhuan shénme yùndòng
你喜欢什么运动？

② Wǒ shénme dōu xǐhuan
我什么都喜欢。

③ Wǒmen dōu xǐhuan kàn Hánguó diànyǐng
我们都喜欢看韩国电影。

④ Nà búshì wǒ xǐhuan de yánsè
那不是我喜欢的颜色。

⑤ Wǒ fēicháng xǐhuan gēn péngyou liáotiān
我非常喜欢跟朋友聊天。

뛰는 놈 위에 나는 놈 있다.
人上有人，天外有天。Rén shàng yǒu rén, tiān wài yǒu tiān.

喜欢

喜欢 ● '좋아하다, 호감을 느끼다'라는 뜻의 동사입니다. '사랑하다'라는 뜻을 가진 '爱 ài'와는 비슷하면서도 약간의 차이가 있지요. 특별한 제한 없이 다방면에 쓰이는 어휘이니 잘 알아 둡시다.

你为什么不喜欢打篮球？Nǐ wèishénme bù xǐhuan dǎ lánqiú?
넌 왜 농구 하는 것을 안 좋아하니?

我不太喜欢看日本电影。Wǒ bútài xǐhuan kàn Rìběn diànyǐng.
나는 일본 영화 보는 걸 그다지 좋아하지 않아.

太好了，这是我非常喜欢的菜。
Tài hǎo le, zhè shì wǒ fēicháng xǐhuan de cài.
너무 좋아, 이건 내가 대단히 좋아하는 음식이야.

跟~聊天 ● '聊天 liáotiān'은 '잡담하다, 한담하다' 등의 뜻을 가진 단어입니다. 전치사 '跟 gēn'과 결합하면 '~와 잡담하다, ~와 수다 떨다'라는 뜻이 됩니다. 구어체에서 자주 쓰이는 어휘랍니다.

我不太喜欢跟朋友聊天。Wǒ bútài xǐhuan gēn péngyou liáotiān.
나는 친구와 수다 떠는 걸 그다지 좋아하지 않아.

你现在跟谁聊天？Nǐ xiànzài gēn shéi liáotiān?
너 지금 누구랑 수다 떠는 거야?

谁最喜欢跟你聊天？Shéi zuì xǐhuan gēn nǐ liáotiān?
누가 너랑 수다 떠는 걸 제일 좋아하니?

앞에서 배운 20마디를 이용해
회화 연습을 해 보세요.
한국어를 보고 중국어가 바로 튀어나오면
당신은 이미 중국어 고수!

실전 생생 연습 一	
A	너 중국에 가 본 적 있니?
B	아직 안 가 봤어. 난 중국이 매우 크다는 건 알아.
A	그럼 내년에 우리 같이 중국 여행 가자, 어때?

235.mp3

A 너 중국에 가 본 적 있니?

B Hái méi qùguo Wǒ zhīdào Zhōngguó hěn dà
还没去过。我知道中国很大。

A 그럼 내년에 우리 같이 중국 여행 가자, 어때?

A Nǐ qùguo Zhōngguó ma
你去过中国吗?

B 아직 안 가 봤어. 난 중국이 매우 크다는 건 알아.

A Nàme míngnián wǒmen yìqǐ qù Zhōngguó lǚyóu hǎo ma
那么明年我们一起去中国旅游, 好吗?

228

> 실전
> 生生
> 연습
> 二
>
> A 너 내일 수업 없는 거 알아?
> B 정말이야? 그러면 우리 같이 영화 보러 가자, 어때?
> A 너무 좋아, 나 영화 보는 거 아주 좋아해.

A 너 내일 수업 없는 거 알아?

　　　Zhēnde ma　　Nàme wǒmen　yìqǐ　qù kàn diànyǐng　hǎo ma
B 真的吗？那么我们一起去看电影，好吗？

A 너무 좋아, 나 영화 보는 거 아주 좋아해.

　　Nǐ　zhīdào míngtiān méiyǒu　kè　ma
A 你知道明天没有课吗？

B 정말이야? 그러면 우리 같이 영화 보러 가자, 어때?

　　Tài hǎo le　　wǒ hěn xǐhuan kàn diànyǐng
A 太好了，我很喜欢看电影。

**홍미진진
차!
이!
나!**

"중국 기차에 대한 모든 것"

거대한 중국 대륙에서 다른 도시로 이동할 때 가장 일반적으로 이용하게 되는 교통수단은 바로 기차입니다. 워낙 땅덩어리가 넓다 보니 기차 안에서 하루이틀 자는 것쯤은 대수롭지 않은 수준이지요. 기차의 좌석은 크게 다음과 같이 나눌 수 있습니다.

① **硬座 yìngzuò 딱딱한 의자**

말 그대로 딱딱한 의자로 되어 있는 좌석입니다. 뒤로 젖혀지지도 않고 90도로 빳빳하게 서 있지요. 물론 불편한 만큼 가격은 가장 저렴합니다.

② **软座 ruǎnzuò 푹신한 의자**

硬座 yìngzuò처럼 의자로 되어 있긴 하지만 시트와 등받이에 쿠션이 있는 좌석입니다. 등받이 조절도 가능해서 조금 뒤로 젖힐 수도 있지요.

③ **硬卧 yìngwò 딱딱한 침대**

중국의 열차에서 가장 일반적인 침대칸 좌석입니다. 3층 침대로 되어 있고, 침대는 쿠션이 거의 없이 딱딱한 편입니다. 3층으로 된 침대 중에서 맨 아래 칸이 가장 비싸고 3층이 가장 저렴하답니다. 길게 이어진 복도에 3층 침대가 나란히 들어서 있는 풍경은 중국의 열차에서 가장 흔히 볼 수 있는 모습입니다.

④ **软卧 ruǎnwò 푹신한 침대**

중국의 열차에서 가장 가격이 비싼 고급 침대칸 좌석입니다. 심지어 어떤 경우에는 국내선 항공권 가격에 육박하기도 합니다. 4인 1실에 아예 문이 따로 있으며, 2층 침대로 되어 있습니다. 비싼 만큼 가장 쾌적하고 조용한 열차 여행을 즐길 수 있는 좌석이지요.

决定
简单
告诉
觉得

53 〉56
제목 미리 보기

决定

53 juédìng ● 결정하다, 결정

① 나는 내년에 타이완에 가기로 결정했어.

② 너 이미 그녀와 결혼하기로 결정한 거야?

③ 이것은 가장 좋은 결정이야.

④ 상황을 좀 보고 다시 결정하자.

⑤ 나는 그녀를 데리고 영화 보러 가기로 결정했어.

결정하다, 결정　决定 juédìng　　타이완　台湾 Táiwān
상황　情况 qíngkuàng

决定

① Wǒ juédìng míngnián qù Táiwān
我**决定**明年去台湾。

② Nǐ yǐjīng juédìng gēn tā jiéhūn le ma
你已经**决定**跟她结婚了吗？

③ Zhè shì zuì hǎo de juédìng
这是最好的**决定**。

④ Kànkan qíngkuàng zài juédìng ba
看看情况再**决定**吧。

⑤ Wǒ juédìng dài tā qù kàn diànyǐng
我**决定**带她去看电影。

무슨 말씀을~

ⓥ 你说到哪儿去了。Nǐ shuō dào nǎr qù le.

决定

决定 ● '결정하다'라는 뜻의 동사로도, '결정'이라는 뜻의 명사로도 쓰이는 단어입니다. 자주 쓰이는 어휘이므로 다양한 문형으로 반복 연습합시다.

我还没决定什么时候去留学。
Wǒ hái méi juédìng shénmeshíhou qù liúxué.
난 언제 유학 갈지 아직 결정을 못했어.

我决定今年不回家。 Wǒ juédìng jīnnián bù huíjiā.
난 올해는 집에 안 가기로 결정했어.

这是你一个人的决定吗? Zhè shì nǐ yí ge rén de juédìng ma?
이게 너 혼자의 결정이야?

▶ 문장 확장 연습

我结婚。 Wǒ jiéhūn.
나는 결혼한다.

我决定结婚。 Wǒ juédìng jiéhūn.
나는 결혼하기로 결정했다.

我决定跟她结婚。 Wǒ juédìng gēn tā jiéhūn.
나는 그녀와 결혼하기로 결정했다.

我决定明年跟她结婚。 Wǒ juédìng míngnián gēn tā jiéhūn.
나는 내년에 그녀와 결혼하기로 결정했다.

我决定明年在韩国跟她结婚。
Wǒ juédìng míngnián zài Hánguó gēn tā jiéhūn.
나는 내년에 한국에서 그녀와 결혼하기로 결정했다.

我已经决定明年在韩国跟她结婚了。
Wǒ yǐjīng juédìng míngnián zài Hánguó gēn tā jiéhūn le.
나는 이미 내년에 한국에서 그녀와 결혼하기로 결정했다.

简单

54 jiǎndān ● 간단하다, 단순하다

① 이 문제는 매우 간단해.

② 간단하게 말해 주세요.

③ 이건 매우 간단한 문제니까 넌 걱정할 필요 없어.

④ 우리 시간이 없으니까 간단하게 먹자.

⑤ 이 일은 정말 간단하지 않아서, 매우 많은 시간이 필요해.

간단하다, 단순하다 简单 jiǎndān
~할 필요 없다 不用 búyòng
일(건)을 세는 단위 [양사] 件 jiàn

~하게 地 de (부사어로 만들어 주는 조사)
걱정하다, 근심하다 担心 dānxīn

简단

① Zhège wèntí hěn jiǎndān
这个问题很简单。

② Qǐng jiǎndān de shuō
请简单地说。

③ Zhè shì hěn jiǎndān de wèntí， nǐ búyòng dānxīn
这是很简单的问题，你不用担心。

④ Wǒmen méiyǒu shíjiān， jiǎndān de chī ba
我们没有时间，简单地吃吧。

⑤ Zhè jiàn shì zhēn bù jiǎndān， xūyào hěn duō shíjiān
这件事真不简单，需要很多时间。

우리 사이에 무슨~

ⓢ
咱们谁跟谁呀。Zánmen shéi gēn shéi ya.

简单

地 ● 앞 단어를 부사어로 만들어 주는 역할을 합니다. 중국어는 영어처럼 부사형 단어가 따로 있는 게 아니라 대부분의 단어 뒤에 '地 de'만 붙이면 저절로 부사어가 된답니다. 즉, '简单 jiǎndān'은 '간단하다, 단순하다'의 뜻이지만 뒤에 '地 de'를 붙여서 '简单地 jiǎndān de'라고 하면 '간단하게'라는 뜻이 됩니다.

请简单地说一下，好吗？ Qǐng jiǎndān de shuō yíxià, hǎo ma?
간단하게 말씀해 주시겠습니까?

你可以简单地回答。 Nǐ kěyǐ jiǎndān de huídá.
넌 간단하게 대답해도 돼.

不用 ● '~할 필요 없다'라는 뜻의 부사입니다. '用 yòng'은 '사용하다, ~을 사용하여'라는 뜻인 데 비해 '不用 búyòng'은 이와는 조금 다른 뜻으로 쓰이는 것에 주의하세요. 또한 '不用了 Búyòng le'는 단독으로 쓰여서 '필요 없어'라는 의미를 나타낸답니다.

你不用带那么多钱。 Nǐ búyòng dài nàme duō qián.
너 그렇게 많은 돈을 가져올 필요 없어.

你不用帮助我，我一个人能做完。
Nǐ búyòng bāngzhù wǒ, wǒ yí ge rén néng zuò wán.
나를 도와줄 필요 없어. 난 혼자서 다 할 수 있어.

不用了，我已经吃饭了。 Búyòng le, wǒ yǐjīng chīfàn le.
필요 없어. 난 이미 밥 먹었어.

你在这儿不用说汉语。 Nǐ zài zhèr búyòng shuō Hànyǔ.
여기에서는 중국어로 말할 필요 없어.

告诉

55 gàosu ● 알려 주다

① 당신의 이름을 알려 주세요.

② 미안하지만 너에게 알려 줄 수가 없어.

③ 너 이미 그에게 알려 줬니?

④ 어제 네가 왜 안 왔는지 알려 줘.

⑤ 그에게 이 소식을 빨리 알려 줘.

알려 주다 告诉 gàosu   소식, 뉴스 消息 xiāoxi

① Qǐng gàosu wǒ nǐ de míngzi
请告诉我你的名字。

② Duìbuqǐ wǒ bùnéng gàosu nǐ
对不起，我不能告诉你。

③ Nǐ yǐjīng gàosu tā le ma
你已经告诉他了吗？

④ Qǐng gàosu wǒ zuótiān nǐ wèishénme méi lái
请告诉我昨天你为什么没来。

⑤ Nǐ kuàidiǎn gàosu tā zhège xiāoxi
你快点告诉他这个消息。

옷은 새 옷이 좋고 친구는 오래된 친구가 좋다.
衣服新的好，朋友旧的好。Yīfu xīn de hǎo, péngyou jiù de hǎo.

告诉

告诉 ● '알려 주다, 알리다'라는 뜻의 동사로, 그 어순은 '告诉+~에게(간접목적어)+~을(직접목적어)'로 되어 있습니다. 이는 22과에서 배운 '教 jiāo'나 34과의 '问 wèn'과 그 어순이 같지요. 그런 의미에서 教와 问에 대한 내용도 예문을 통해 함께 복습해 봅시다.

我告诉你怎么走。 Wǒ gàosu nǐ zěnme zǒu.
내가 어떻게 가는지 알려 줄게.

你不要告诉他这个消息。 Nǐ búyào gàosu tā zhège xiāoxi.
너 걔한테 이 소식을 알려 주지 마.

我已经告诉他了你昨天为什么没来。
Wǒ yǐjīng gàosu tā le nǐ zuótiān wèishénme méi lái.
난 이미 걔한테 네가 어제 왜 안 왔는지 알려 줬어.

教 jiāo 가르치다

她教我们汉语。 Tā jiāo wǒmen Hànyǔ.
그는 우리에게 중국어를 가르쳐 준다.

谁教你唱歌? Shéi jiāo nǐ chànggē?
누가 너에게 노래하는 걸 가르쳐 주니?

你为什么没教我英语? Nǐ wèishénme méi jiāo wǒ Yīngyǔ?
당신은 왜 나한테 영어를 가르쳐 주지 않았나요?

问 wèn 물어보다, 묻다

我问你一个问题。 Wǒ wèn nǐ yí ge wèntí.
내가 너한테 문제 하나 물어볼게.

他问我什么时候回家。 Tā wèn wǒ shénmeshíhou huíjiā.
그는 나에게 언제 집에 가냐고 물어봤어.

觉得

56 juéde ● ~라고 생각하다

① 그는 이 문제가 매우 간단하다고 생각한다.

② 내 생각에 그는 내일 시험이 있는지 모르는 것 같아.

③ 나는 그가 나의 도움을 필요로 한다고 생각해.

④ 나는 네가 혼자서 다섯 개를 먹을 수 없다고 생각해.

⑤ 나는 이 상점이 매우 클 뿐만 아니라 아주 유명하다고 생각해.

~라고 생각하다 觉得 juéde
~일 뿐 아니라 不但 búdàn
유명하다 有名 yǒumíng
집, 상점 등을 세는 단위 [양사] 家 jiā
게다가 而且 érqiě

觉得

① Tā juéde zhège wèntí hěn jiǎndān
他觉得这个问题很简单。

② Wǒ juéde tā bùzhīdào míngtiān yǒu kǎoshì
我觉得他不知道明天有考试。

③ Wǒ juéde tā xūyào wǒ de bāngzhù
我觉得他需要我的帮助。

④ Wǒ juéde nǐ yí ge rén bùnéng chī wǔ ge
我觉得你一个人不能吃五个。

⑤ Wǒ juéde zhè jiā shāngdiàn búdàn hěn dà
我觉得这家商店不但很大，
érqiě hěn yǒumíng
而且很有名。

느린 것을 두려워하지 말고 멈추어 있는 걸 두려워하라.
不怕慢，只怕站。Bú pà màn, zhǐ pà zhàn.

觉得

觉得 ● '~라고 생각하다'라는 의미를 가진 동사입니다. 뒤에 의견이나 견해를 말할 때 주로 쓰이지요.

我觉得你见过我的朋友。
Wǒ juéde nǐ jiànguo wǒ de péngyou.
난 네가 내 친구를 만난 적이 있다고 생각해.

你觉得怎么样？Nǐ juéde zěnmeyàng?
네 생각은 어때?

我觉得他不喜欢这个菜。Wǒ juéde tā bù xǐhuan zhège cài.
난 그가 이 요리를 좋아하지 않는다고 생각해.

不但~而且 ● '~일 뿐 아니라 ~도'라는 의미를 가진 말이지요. '不但 búdàn'은 '~일 뿐 아니라'라는 뜻을 갖고 있으며, '而且 érqiě'는 '게다가'라는 뜻이 있습니다. 함께 숙어처럼 쓰는 경우가 가장 많지만 각각 단독으로 쓸 때도 적지 않으므로 각각의 의미를 잘 기억해 둡시다.

她不但很漂亮，而且很聪明。
Tā búdàn hěn piàoliang, érqiě hěn cōngmíng.
그녀는 예쁠 뿐 아니라 총명하기도 해.

这个菜不但很多，而且很好吃。
Zhège cài búdàn hěn duō, érqiě hěn hǎochī.
이 음식은 양이 많을 뿐 아니라 맛있기도 해.

앞에서 배운 20마디를 이용해
회화 연습을 해 보세요.
한국어를 보고 중국어가 바로 튀어나오면
당신은 이미 중국어 고수!

실전 A 나 내년에 그와 결혼할 거야.
생생 B 너 이미 결정했어? 다시 생각해 봐.
연습 　　내 생각에 이 문제는 간단하지 않은 거 같아.
— A 알았어. 다시 생각 좀 해 보고 결정할게. 고마워!

253.mp3

A 나 내년에 그와 결혼할 거야.

B 你已经决定了吗？你再想一想。
　Nǐ yǐjīng juédìng le ma   Nǐ zài xiǎng yi xiǎng
　我觉得这个问题不简单。
　Wǒ juéde zhège wèntí bù jiǎndān

A 알았어. 다시 생각 좀 해 보고 결정할게. 고마워!

A 我明年要跟他结婚。
　Wǒ míngnián yào gēn tā jiéhūn

B 너 이미 결정했어? 다시 생각해 봐.
　내 생각에 이 문제는 간단하지 않은 것 같아.

A 知道了，我再想一想再决定。谢谢！
　Zhīdào le   wǒ zài xiǎng yi xiǎng zài juédìng   Xièxie

244

| 실전 생생 연습 二 | A 내가 걔한테 네 전화번호 가르쳐 줘도 될까?
B 왜?
A 그가 너의 도움을 필요로 해.
B 좋아, 빨리 걔한테 알려 줘. |

254.mp3

A 내가 걔한테 네 전화번호 가르쳐 줘도 될까?

B 为什么?
　Wèishénme

A 그가 너의 도움을 필요로 해.

B 好，你快点告诉他吧。
　Hǎo nǐ kuàidiǎn gàosu tā ba

A 我可以告诉他你的电话号码吗?
　Wǒ kěyǐ gàosu tā nǐ de diànhuàhàomǎ ma

B 왜?

A 他需要你的帮助。
　Tā xūyào nǐ de bāngzhù

B 좋아, 빨리 걔한테 알려 줘.

흥미진진
차!
이!
나!

"중국은 남녀가 평등할까요?"

1949년 중화인민공화국이 탄생한 이후 중국 정부는 줄곧 남녀평등을 주장해 왔습니다. 실제로 중국의 초대 주석인 '마오즈어똥 **毛泽东** Máo Zédōng'이 주창한 '빤비엔티엔 **半边天** bàn biān tiān'이라는 말은 중국의 남녀평등을 상징하는 대표적인 어휘가 되었답니다. '**半边天** bàn biān tiān'은 여성이 세상의 절반을 책임지고 있다는 뜻으로 여성의 능력과 역할이 지대함을 칭찬하고 여성의 사회활동을 강조한 표현이라고 할 수 있습니다.

실제로 중국은 아시아의 다른 나라에 비해 남녀평등이 비교적 잘 정착된 나라에 속합니다. 사회에서도 여성 고위 공무원이나 CEO, 지도자, 학자, 과학자 등을 어렵지 않게 찾아볼 수 있고 기회도 많이 주어지는 편입니다. 가정에서의 역할 분담도 우리나라에 비해 훨씬 더 잘 이루어지고 있는데요. 퇴근 후에 장을 봐서 집에 온 뒤 요리를 하고, 아이를 돌보는 남편들이 중국에는 아주 많답니다.

하지만 이는 어디까지나 아시아 국가들의 기준에서 보았을 때일 뿐, 세계적인 기준에서 보면 중국의 남녀평등도 아직 갈 길이 멀어 보입니다. 실제로 마오즈어똥이 '**半边天**'을 주창한 건 불과 50년 정도밖에 되지 않았기에 뿌리 깊은 유교 국가였던 중국에서 여성에 대한 고정 관념을 깨기에는 아직 시간이 필요할 것입니다.

지난 2013년, World Economic Forum에서 발표한 세계 남녀평등지수를 살펴보면 1위 아이슬란드, 2위 핀란드, 3위 노르웨이 등 북유럽 국가들이 최상위권을 휩쓸었고, 총 136개국 중에서 한국은 111위, 중국은 69위, 일본은 105위를 차지했습니다. 물론 중국의 남녀평등지수는 한국에 비하면 월등히 높은 편이지만, 전반적으로 낮은 아시아권 국가들의 남녀평등 수준은 앞으로 우리가 해결해야 할 숙제일 것입니다.

57 〉 60
제목 미리 보기

相信
舒服
大·小
多·少

相信

57 xiāngxìn ● 믿다, 신뢰하다

① 너는 왜 나를 믿지 않니?

② 내일은 더 좋아질 거라고 믿어.

③ 나는 네가 열심히 공부할 거라고 믿어.

④ 지금은 아무도 너를 믿지 않아.

⑤ 내가 어떻게 그가 하는 말을 믿을 수 있겠니.

믿다, 신뢰하다 相信 xiāngxìn

相信

① Nǐ wèishénme bù xiāngxìn wǒ?
你为什么不相信我？

② Wǒ xiāngxìn míngtiān huì gèng hǎo.
我相信明天会更好。

③ Wǒ xiāngxìn nǐ huì rènzhēn xuéxí.
我相信你会认真学习。

④ Xiànzài méiyǒu rén xiāngxìn nǐ.
现在没有人相信你。

⑤ Wǒ zěnme néng xiāngxìn tā shuō de huà ne.
我怎么能相信他说的话呢。

풍보는 한입 먹어 이루어진 것이 아니다. 천 리 길도 한 걸음부터

③ 胖子不是一口吃的。Pàngzi búshì yì kǒu chī de.

相信

相信 ● '믿다, 신임하다, 신뢰하다'라는 뜻을 지닌 동사입니다. 뒤에 단어가 나올 수도 있고, 문장이 나올 수도 있습니다.

> 我一定相信你。Wǒ yídìng xiāngxìn nǐ.
> 난 반드시 널 믿어.
>
> 谁会相信你？Shéi huì xiāngxìn nǐ?
> 누가 너를 믿겠니?
>
> 我相信她会喜欢这个颜色。
> Wǒ xiāngxìn tā huì xǐhuan zhège yánsè.
> 난 그녀가 이 색을 좋아할 거라고 믿어.
>
> 你说什么也不能相信。Nǐ shuō shénme yě bùnéng xiāngxìn.
> 네가 뭐라고 말해도 믿을 수 없어.

怎么 ● 怎么는 이미 앞 단원에서 나왔던 '어떻게'라는 뜻 외에도 다른 의미가 더 있습니다. 그중 하나가 바로 '어째서, 왜'라는 뜻의 의문사입니다. 따라서 '你为什么不相信我? Nǐ wèishénme bù xiāngxìn wǒ?'에서의 为什么는 怎么로 바꾸어 쓸 수도 있답니다.

> [어떻게] 这个菜怎么吃？Zhège cài zěnme chī?
> 이 음식은 어떻게 먹어?
>
> [어떻게] 那么我应该怎么说好呢？
> Nàme wǒ yīnggāi zěnme shuō hǎo ne?
> 그러면 내가 어떻게 말하는 게 좋을까?
>
> [어떻게] 怎么了？Zěnme le?
> 무슨 일이야? 어떻게 된 거야?
>
> [왜] 你怎么还没回家？Nǐ zěnme hái méi huíjiā?
> 너 왜 아직도 집에 안 갔어?
>
> [어째서] 今天天气怎么这么冷？Jīntiān tiānqì zěnme zhème lěng?
> 오늘 날씨는 어째서 이렇게 추워?

舒服

58 shūfu ● 편안하다, 안락하다

① 너 어디가 불<mark>편하니</mark>?

② 오늘 내가 몸이 안 <mark>좋아</mark>.

③ 너 좀 안 <mark>좋은</mark> 것 같아.

④ 이 소파는 대단히 <mark>편해</mark>.

⑤ 왜 그런지 모르겠지만, 내 마음이 불<mark>편하네</mark>.

편안하다, 안락하다 舒服 shūfu   조금, 약간, 다소 有点 yǒudiǎn
소파 沙发 shāfā   마음속 心里 xīnli

舒服

① Nǐ nǎr bù shūfu
你哪儿不舒服？

② Jīntiān wǒ shēntǐ bù shūfu
今天我身体不舒服。

③ Nǐ hǎoxiàng yǒudiǎn bù shūfu
你好像有点不舒服。

④ Zhège shāfā fēicháng shūfu
这个沙发非常舒服。

⑤ Bùzhīdào wèishénme wǒ xīnli bù shūfu
不知道为什么，我心里不舒服。

조조 얘기를 했더니 조조가 왔다. 호랑이도 제말하면 온다.

说曹操，曹操就到。Shuō Cáo Cāo, Cáo Cāo jiù dào.

舒服

舒服 ● '몸이나 마음이 편안하다, 쾌적하다, 가볍다'의 의미를 가진 단어입니다. 반대말인 '不舒服 bù shūfu'는 '몸이 안 좋다, 아프다, 기분이 언짢다, 불편하다'의 뜻이지요. 주로 건강이나 마음의 상태를 표현할 때 쓰인답니다.

昨天我睡得很舒服。Zuótiān wǒ shuì de hěn shūfu.
어제 잠을 아주 편안히 잤어.

现在你心里有点不舒服吧? Xiànzài nǐ xīnli yǒudiǎn bù shūfu ba?
지금 너 마음이 좀 불편하지?

有点 ● '조금, 약간, 다소'의 뜻으로, 주로 불만이나 부정적인 의미를 표현할 때 사용됩니다. 예전에 배웠던 '一点 yìdiǎn'과 비슷하지만 의미나 용법에서 약간의 차이가 있습니다.

有点과 一点 모두 뒤에 儿을 붙여서 각각 '有点儿 yǒudiǎnr'과 '一点儿 yìdiǎnr'이라고 쓰기도 합니다. 물론 뜻은 동일하답니다.

	一点	有点
의미	약간, 다소, 조금 (불만이나 부정적인 의미 없음)	약간, 다소, 조금 (불만이나 부정적인 의미 포함)
위치	동사나 형용사 뒤	형용사 앞

有没有大一点的? Yǒu méiyǒu dà yìdiǎn de?
조금 큰 건 없니?

这件衣服有点大。Zhè jiàn yīfu yǒudiǎn dà.
이 옷은 조금 크네(커서 마음에 안 든다).

今天天气热一点。Jīntiān tiānqì rè yìdiǎn.
오늘 날씨가 조금 덥다.

今天天气有点热。Jīntiān tiānqì yǒudiǎn rè.
오늘 날씨가 조금 덥다.(날씨가 더워서 불만이다)

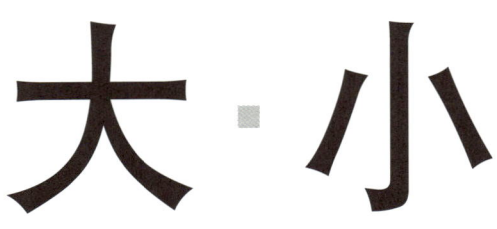

59 dà • 크다   xiǎo • 작다

① 나는 큰 사과 다섯 개를 사려고 해.

② 큰 게 반드시 다 맛있는 건 아니야.

③ 어제 네가 산 것은 큰 거니, 작은 거니?

④ 이 두 개의 사과는 크기가 달라.

⑤ 그는 나보다 세 살 어려.

작다　小 xiǎo
또는, 아니면　还是 háishì

반드시 ~한 것은 아니다　不一定 bùyídìng
크기, 어른과 아이　大小 dàxiǎo

大
小

① Wǒ yào mǎi wǔ ge dà de píngguǒ
我要买五个**大**的苹果。

② Dà de bùyídìng dōu hǎochī
大的不一定都好吃。

③ Zuótiān nǐ mǎi de shì dà de háishì xiǎo de
昨天你买的是**大**的还是**小**的？

④ Zhè liǎng ge píngguǒ dàxiǎo bù yíyàng
这两个苹果**大小**不一样。

⑤ Tā bǐ wǒ xiǎo sān suì
他比我**小**三岁。

같은 생각이야. 마음이 통했는데.

想到一块儿去了。Xiǎng dào yíkuàr qù le.

大
小

大, 小 ● 한자의 뜻 그대로 大는 '크다', 小는 '작다'의 의미입니다. 더불어서 나이가 많다, 적다의 의미로 쓰이기도 합니다. 또 大小라고 붙여서 쓰면 '크기'라는 뜻의 명사가 됩니다.

他叫你的声音很大。Tā jiào nǐ de shēngyīn hěn dà.
그가 너를 부르는 소리가 매우 크구나.

你的年纪已经不小了，应该认真学习。
Nǐ de niánjì yǐjīng bùxiǎo le, yīnggāi rènzhēn xuéxí.
너의 나이가 이미 어리지 않으니 열심히 공부해야 해.

不一定 ● '반드시 ~할 필요는 없다, 꼭 ~한 것만은 아니다'라는 뜻을 가진 말입니다. 회화에서 자주 쓰이는 표현이므로 다양한 예문을 통해 연습해 봅시다.

好吃的不一定都好看。Hǎochī de bùyídìng dōu hǎokàn.
맛있다고 다 보기 좋은 건 아니야.

他说的话，不一定都对。Tā shuō de huà, bùyídìng dōu duì.
그가 한 말이 반드시 다 맞는 건 아니야.

还是 ● '还是 háishì'는 여러 가지 뜻을 갖고 있습니다. '여전히, 아직도'라는 뜻도 있고, '~하는 편이 더 낫다'라는 뜻도 있지요. 여기에서는 '또는, 아니면'이라는 뜻으로 선택을 나타내는 의문문에 쓰였습니다. 还是가 쓰인 의문문에는 문장 끝에 '吗 ma'를 쓰지 않습니다.

你喜欢红色还是黄色？Nǐ xǐhuan hóngsè háishì huángsè?
너는 빨간색을 좋아하니, 아니면 노란색을 좋아하니?

你已经决定了吗？三个还是四个？
Nǐ yǐjīng juédìng le ma? Sān ge háishì sì ge?
너 이미 결정했어? 세 개, 아니면 네 개?

60 duō • 많다　　　shǎo • 적다

① 밖이 추우니까 옷을 많이 입어라.

② 많긴 많지만, 모두 다 맛있는 건 아니야.

③ 서울에서 베이징까지 시간이 얼마나 걸려?

④ 얼마나 사려고 하니?

⑤ 네가 나에게 준 돈은 너무 적어.

적다　少 shǎo　　　　　~부터, ~를 기점으로　从 cóng
도착하다, ~까지　到 dào　돈　钱 qián

多・少

① Wàimiàn lěng, nǐ duō chuān yīfu ba
外面冷，你多穿衣服吧。

② Duō shì duō, kěshì bùyídìng dōu hǎochī
多是多，可是不一定都好吃。

③ Cóng Shǒu'ěr dào Běijīng xūyào duō cháng shíjiān
从首尔到北京需要多长时间？

④ Nǐ yào mǎi duōshao
你要买多少？

⑤ Nǐ gěi wǒ de qián tài shǎo le
你给我的钱太少了。

무슨 말을 해도 공부 이야기야.

⑤
三句话不离学习。Sān jù huà bù lí xuéxí.

60 多少

多 ● '多 duō'에는 '많다, 많은'이라는 뜻도 있고요, 동사 앞에서 '많이'라는 뜻의 부사어로도 쓰인답니다. 또 '多少 duōshao'는 '얼마, 몇'이라는 의미의 대명사로 쓰입니다. 이외에도 형용사 앞에 놓여서 '얼마나 ~하니?'라는 뜻의 의문문을 만들어 주기도 합니다.

[많이] **请多吃吧。** Qǐng duō chī ba.
많이 드세요.

[얼마나] **你今年多大?** Nǐ jīnnián duō dà?
올해 나이가 어떻게 되니?

A 是 A, 可是 ● 'A하기는 A하지만, 그러나'라는 뜻을 가진 말입니다. 회화에서 자주 쓰이는 표현이랍니다.

好吃是好吃，可是太贵了。 Hǎochī shì hǎochī, kěshì tài guì le.
맛있기는 맛있지만, 너무 비싸.

篮球？会是会，可是打得不太好。
Lánqiú? Huì shì huì, kěshì dǎ de bútài hǎo.
농구? 할 줄 알긴 아는데, 그다지 잘하지는 못해.

从~ 到 ● '~부터~까지'의 의미를 표현하는 말입니다. '从 cóng'은 '~로부터'라는 뜻의 기점을, '到 dào'는 '~까지'라는 뜻의 도착점을 나타내지요. 이중 '到 dào'는 '도착하다'라는 뜻의 동사로도 쓰이고, 지금처럼 '~까지'라는 뜻의 전치사로도 쓰입니다. 반드시 같이 쓰이는 건 아니고, 각각 따로 쓰이는 경우도 많으므로 충분히 연습해 둡시다.

他从七点到现在一直睡觉。
Tā cóng qī diǎn dào xiànzài yìzhí shuìjiào.
그는 7시부터 지금까지 줄곧 잔다.

我已经到了，你在哪儿? Wǒ yǐjīng dào le, nǐ zài nǎr?
난 이미 도착했는데, 너 어디 있어?

앞에서 배운 20마디를 이용해
회화 연습을 해 보세요.
한국어를 보고 중국어가 바로 튀어나오면
당신은 이미 중국어 고수!

실전 생생 연습 一	A	너 왜 내가 하는 말을 안 믿니?
	B	안 믿는 게 아니야. 난 보기 좋다고 반드시 다 맛있는건 아니라고 생각해.
	A	나도 알아. 그렇지만 이 음식은 정말로 매우 맛있어. 날 믿어 줘.

271.mp3

A 너 왜 내가 하는 말을 안 믿니?

B 不是不相信你。我觉得好看的不一定都好吃。
Búshì bù xiāngxìn nǐ. Wǒ juéde hǎokàn de bùyídìng dōu hǎochī.

A 나도 알아. 그렇지만 이 음식은 정말로 매우 맛있어. 날 믿어 줘.

A 你为什么不相信我说的话?
Nǐ wèishénme bù xiāngxìn wǒ shuō de huà?

B 안 믿는 게 아니야. 난 보기 좋다고 반드시 다 맛있는 건 아니라고 생각해.

A 我也知道,可是这个菜真的很好吃。你相信我吧。
Wǒ yě zhīdào, kěshì zhège cài zhēnde hěn hǎochī. Nǐ xiāngxìn wǒ ba.

260

실전	A	어떻게 된 거야? 너 어디 안 좋니?
生生	B	왜 그런지 모르겠는데, 지금 나 몸이 좀 안 좋아.
연습	A	정말이야? 그러면 빨리 집에 가서 쉬어.
二		

A 어떻게 된 거야? 너 어디 안 좋니?

B Bùzhīdào wèishénme xiànzài wǒ shēntǐ yǒudiǎn bù shūfu
不知道为什么，现在我身体有点不舒服。

A 정말이야? 그러면 빨리 집에 가서 쉬어.

A Zěnme le Nǐ nǎr bù shūfu
怎么了？你哪儿不舒服？

B 왜 그런지 모르겠는데, 지금 나 몸이 좀 안 좋아.

A Zhēnde ma Nàme nǐ kuàidiǎn huíjiā xiūxi ba
真的吗？那么你快点回家休息吧。

흥미진진 차!이!나!

"알고 보면 더 재미있는 중국의 외래어"

혹시 '가구가락(可口可乐)'이라는 말을 들어 본 적이 있으신가요? 이는 '코카콜라'의 중국 이름입니다. 중국어 발음으로는 'kěkǒu kělè'라고 하지요. 이처럼 중국에서는 중국어에 대한 꿋꿋한 자부심으로 모든 외래어를 중국어로 바꾸어서 사용하고 있습니다.

외래어를 중국어로 표기하는 방법에는 몇 가지가 있는데, 음을 따서 쓰는 방법, 뜻을 따서 쓰는 방법, 음과 뜻을 모두 따서 쓰는 방법이 있습니다.

① 음을 따서 쓰는 방법 – 음역

한자 자체의 뜻과는 아무런 상관이 없이 그저 순수하게 발음만 비슷하게 쓰는 방법입니다. 외국인의 이름을 표기할 때도 주로 이 방법을 사용한답니다.

咖啡 kāfēi 커피   麦当劳 Màidāngláo 맥도날드

巴士 bāshì 버스   奥巴马 Àobāmǎ 오바마

② 뜻을 따서 쓰는 방법 – 의역

발음은 전혀 달라도 뜻을 살려서 표기하는 방법입니다.

电脑 diànnǎo 컴퓨터 : 电(전기)+脑(뇌)

圆珠笔 yuánzhūbǐ 볼펜 : 圆(둥근)+珠(진주)+笔(펜)

热狗 règǒu 핫도그 : 热(hot 뜨거운)+狗(dog 개)

③ 음과 뜻을 함께 따서 쓰는 방법 – 음역+의역

한 단어 내에서 일부는 음을 따고 일부는 뜻을 따서 쓰는 방법입니다.

乒乓球 pīngpāngqiú 탁구 : 乒乓(핑퐁 소리)+球(공)

汉堡包 hànbǎobāo 햄버거 : 汉堡(햄버거)+包(빵)

汉堡王 Hànbǎowáng 버거킹 : 汉堡(햄버거)+王(왕)

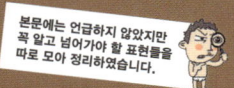
본문에는 언급하지 않았지만 꼭 알고 넘어가야 할 표현들을 따로 모아 정리하였습니다.

고수의 표현

hǎochī

_ 好의 다양한 표현 273.mp3

'好 hǎo'는 '좋다'라는 뜻을 갖고 있지만 뒤에 몇몇 동사와 함께 결합하면 조금 다른 뜻의 단어가 됩니다. 중국어에서 자주 쓰이는 표현이므로 알아 두면 유용합니다.

- 好吃 hǎochī 맛있다
- 好听 hǎotīng 듣기 좋다
- 好喝 hǎohē 맛있다(음료)
- 好看 hǎokàn 예쁘다, 멋있다, 보기 좋다

정도를 나타내는 표현

- 很好吃。 Hěn hǎochī. 매우 맛있다.
- 非常好听。 Fēicháng hǎotīng. 대단히 듣기 좋다.
- 真好喝。 Zhēn hǎohē. 정말 향기롭다(마시기 좋다).
- 不好吃。 Bù hǎochī. 맛이 없다.
- 不太好看。 Bútài hǎokàn. 그다지 예쁘지 않다.

① 이 음식은 매우 맛있어.
这个菜很好吃。
Zhège cài hěn hǎochī

· 菜 cài 요리, 반찬

② 네 목소리는 매우 듣기 좋아.
你的声音很好听。
Nǐ de shēngyīn hěn hǎotīng

· 声音 shēngyīn 소리, 목소리

③ 이 차는 매우 향기롭구나.
这杯茶很好喝。
Zhè bēi chá hěn hǎohē

· 茶 chá 차

④ 그가 만든 음식은 맛이 없어.
他做的菜不好吃。
Tā zuò de cài bù hǎochī

· 做 zuò 하다, 만들다

⑤ 좋은 프로그램이 없어.
没有好节目。
Méiyǒu hǎo jiémù

· 节目 jiémù 프로그램

几月几号?
Jǐ yuè jǐ hào

_ 날짜 물어보기 275.mp3

날짜를 물어보는 표현입니다. 반복 연습해 봅시다.

- **월 月** yuè

    一月 yī yuè 1월   二月 èr yuè 2월   三月 sān yuè 3월
    四月 sì yuè 4월   五月 wǔ yuè 5월   六月 liù yuè 6월
    七月 qī yuè 7월   八月 bā yuè 8월   九月 jiǔ yuè 9월
    十月 shí yuè 10월 十一月 shíyī yuè 11월 十二月 shí'èr yuè 12월

- **일 号** hào 또는 **日** rì

    一号 yī hào 1일   一日 yī rì 1일
    十五号 shíwǔ hào 15일   十五日 shíwǔ rì 15일
    三十号 sānshí hào 30일 三十日 sānshí rì 30일

    ▶ 号 hào 는 일상회화에 많이 쓰이며, 日 rì는 주로 글을 쓸 때 사용합니다.

- **요일 星期** xīngqī 또는 **礼拜** lǐbài

    星期一 xīngqīyī 월요일   星期二 xīngqī'èr 화요일
    星期三 xīngqīsān 수요일   星期四 xīngqīsì 목요일
    星期五 xīngqīwǔ 금요일   星期六 xīngqīliù 토요일
    星期天 xīngqītiān 일요일   星期日 xīngqīrì 일요일

① 오늘은 몇 월 며칠이야?
今天几月几号？
Jīntiān jǐ yuè jǐ hào

② 오늘은 8월 15일이야.
今天八月十五号。
Jīntiān bā yuè shíwǔ hào

③ 그의 생일은 몇 월 며칠이야?
他的生日是几月几号？
Tā de shēngrì shì jǐ yuè jǐ hào

④ 내일은 무슨 요일이야?
明天是星期几？
Míngtiān shì xīngqī jǐ

⑤ 내일은 수요일이야.
明天是星期三。
Míngtiān shì xīngqīsān

Jǐ diǎn

_ 시간 물어보기 277.mp3

시간을 물어보는 표현입니다. 반복 연습해 봅시다.

- **시** 点 diǎn

    两点 liǎng diǎn 2시   七点 qī diǎn 7시   十一点 shíyī diǎn 11시
    ▸ 2시는 二点이 아니라 两点이라고 합니다.

- **분** 分 fēn

    三点十分 sān diǎn shí fēn 3시 10분   六点二十分 liù diǎn èrshí fēn 6시 20분

- **30분** 半 bàn

    一点半 yī diǎn bàn 1시 반   九点半 jiǔ diǎn bàn 9시 반

- **15분** 刻 kè

    两点一刻 liǎng diǎn yí kè 2시 15분   五点三刻 wǔ diǎn sān kè 5시 45분
    ▸ 一刻는 15분, 三刻는 45분입니다.

- **아침** 早上 zǎoshang → **오전** 上午 shàngwǔ → **정오** 中午 zhōngwǔ → **오후** 下午 xiàwǔ → **저녁** 晚上 wǎnshang

- **아침밥** 早饭 zǎofàn → **점심밥** 午饭 wǔfàn → **저녁밥** 晚饭 wǎnfàn

① 지금 몇 시야?
现在几点？
Xiànzài jǐ diǎn

② 지금 6시 20분이야.
现在六点二十分。
Xiànzài liù diǎn èrshí fēn

③ 넌 아침 몇 시에 일어나니?
你早上几点起床？
Nǐ zǎoshang jǐ diǎn qǐchuáng

• 起床 qǐchuáng 일어나다, 기상하다

④ 넌 몇 시에 저녁밥을 먹니?
你几点吃晚饭？
Nǐ jǐ diǎn chī wǎnfàn

⑤ 나는 저녁 6시 30분에 저녁밥을 먹어.
我晚上六点半吃晚饭。
Wǒ wǎnshang liù diǎn bàn chī wǎnfàn

我家有四口人。
Wǒ jiā yǒu sì kǒu rén

_ 가족 소개하기 279.mp3

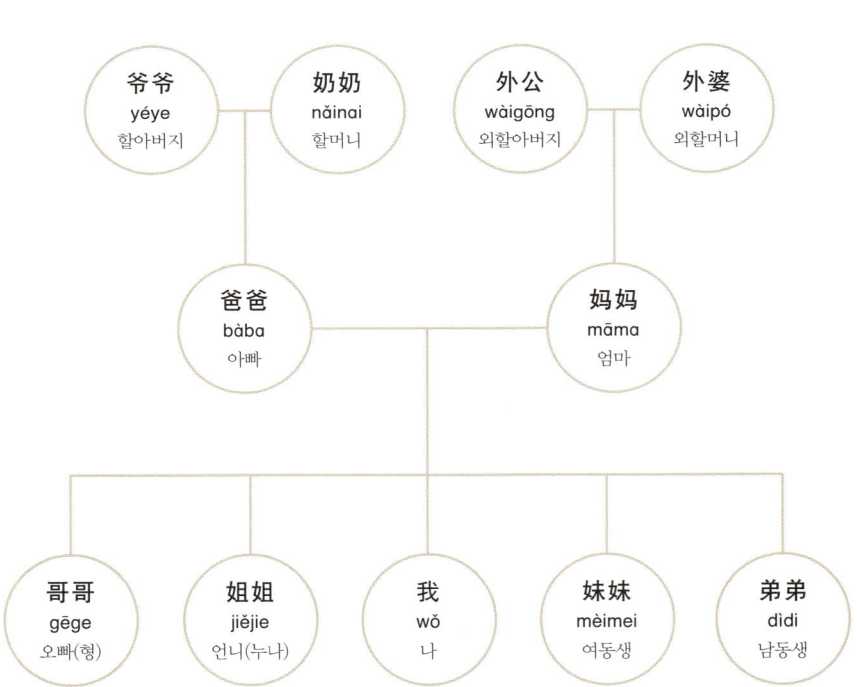

① 당신 가족은 몇 명입니까?
你家有几口人？
Nǐ jiā yǒu jǐ kǒu rén

② 우리 가족은 4명입니다.
我家有四口人。
Wǒ jiā yǒu sì kǒu rén

③ 너는 오빠(형)가 있니?
你有哥哥吗？
Nǐ yǒu gēge ma

④ 나는 언니(누나)가 없어.
我没有姐姐。
Wǒ méiyǒu jiějie

⑤ 나는 남동생이 두 명 있어.
我有两个弟弟。
Wǒ yǒu liǎng ge dìdi

我坐巴士。
Wǒ　zuò　　bāshì

_ 교통수단을 나타내는 말 281.mp3

우리가 배웠던 동사 '坐 zuò'는 '타다, 앉다'라는 뜻을 갖고 있습니다. 이 동사에 쓰이는 어휘들을 추가로 배워서 다양하게 활용해 봅시다.

- **버스 巴士 bāshì = 公共汽车 gōnggòngqìchē**
  - ▶ '巴士 bāshì'는 'Bus'의 음을 따서 표현한 어휘입니다. 표준어는 '公共汽车 gōnggòngqìchē'이지만 실제 생활에서는 巴士가 더 많이 쓰이지요. 公共汽车를 줄여서 '公车 gōngchē'라고도 합니다.

- **택시 的士 dīshì = 出租车 chūzūchē**
  - ▶ 的는 대부분 'de'로 발음하지만 이 경우엔 'dī'로 발음해야 함에 주의하세요. 이 역시 영어 'Taxi'의 음을 따서 표현한 어휘입니다.

- **기차 火车 huǒchē**
  - ▶ 기차는 한자어로 汽车라고 쓰지만, 중국어로 '汽车 qìchē'는 기차가 아닌 '자동차'라는 뜻입니다. 즉, 자동차의 통칭에 해당되는 말이지요. 기차는 '火车 huǒchē'라고 합니다.

- **(말, 자전거 등을) 타다 骑 qí**
  - ▶ 자전거, 오토바이, 말을 탈 때에는 동사 '坐 zuò'가 아닌 '骑 qí'를 씁니다.

  骑自行车 qí zìxíngchē 자전거를 타다
  骑摩托车 qí mótuōchē 오토바이를 타다
  骑马 qí mǎ 말을 타다
  - 摩托车 mótuōchē 오토바이

① 나는 버스를 탄다.
我坐巴士。
Wǒ zuò bāshì

② 그는 택시를 타니?
他坐的士吗?
Tā zuò dīshì ma

③ 나는 기차를 타고 부산에 간다.
我坐火车去釜山。
Wǒ zuò huǒchē qù Fǔshān

④ 그들은 비행기를 타고 베이징에 간다.
他们坐飞机去北京。
Tāmen zuò fēijī qù Běijīng

⑤ 나는 자전거를 타고 출근해.
我骑自行车上班。
Wǒ qí zìxíngchē shàngbān

我打篮球。
Wǒ dǎ lánqiú

_ 구기 운동을 나타내는 말 283.mp3

우리가 배웠던 동사 '打 dǎ'는 '(운동, 전화 등)을 하다'라는 뜻을 갖고 있습니다. 그중 '~ 운동을 하다'에 쓰이는 어휘들을 추가로 배워서 다양하게 활용해 봅시다.

- 농구 篮球 lánqiú

- 배구 排球 páiqiú

- 야구 棒球 bàngqiú

- 탁구 乒乓球 pīngpāngqiú

- 배드민턴 羽毛球 yǔmáoqiú

- 테니스 网球 wǎngqiú

- 축구 足球 zúqiú

  ▶ 대부분의 구기 종목에는 동사 '打 dǎ'를 써서 '~을 하다'라는 의미를 나타냅니다. 즉, '打篮球 dǎ lánqiú'는 '농구를 하다'라는 의미이지요. 단, '축구를 한다'라고 말할 경우에만 동사 打가 아닌 '踢 tī'를 써서 '踢足球 tī zúqiú'라고 합니다. '踢 tī'는 '발로 차다'라는 뜻의 동사이지요.

① 나는 농구를 한다.
我打篮球。
Wǒ dǎ lánqiú

② 그는 탁구를 친다.
他打乒乓球。
Tā dǎ pīngpāngqiú

③ 우리 함께 배구를 하자.
我们一起打排球吧。
Wǒmen yìqǐ dǎ páiqiú ba

④ 너 어제 야구 했니?
你昨天打棒球了吗？
Nǐ zuótiān dǎ bàngqiú le ma

⑤ 우리 함께 축구 하자.
我们一起踢足球吧。
Wǒmen yìqǐ tī zúqiú ba

你是哪国人?
Nǐ　shì　nǎ　guó　rén

_ 나라 이름 285.mp3

- 한국 韩国 Hánguó — 首尔 Shǒu'ěr 서울
- 중국 中国 Zhōngguó — 北京 Běijīng 베이징
- 홍콩 香港 Xiānggǎng
- 타이완 台湾 Táiwān — 台北 Táiběi 타이베이
- 일본 日本 Rìběn — 东京 Dōngjīng 도쿄
- 싱가포르 新加坡 Xīnjiāpō
- 미국 美国 Měiguó
- 영국 英国 Yīngguó
- 독일 德国 Déguó
- 프랑스 法国 Fǎguó
- 스페인 西班牙 Xībānyá
- 호주(오스트레일리아) 澳洲 Àozhōu

① 그는 스페인 사람이 아니니?
他不是西班牙人吗?
Tā búshì Xībānyá rén ma

② 중국의 수도는 베이징이야.
中国的首都是北京。
Zhōngguó de shǒudū shì Běijīng

・首都 shǒudū 수도

③ 서울이 도쿄보다 훨씬 더 추워.
首尔比东京更冷。
Shǒu'ěr bǐ Dōngjīng gèng lěng

④ 나는 내년에 오스트레일리아에 가기로 결정했어.
我决定明年去澳洲。
Wǒ juédìng míngnián qù Àozhōu

⑤ 그가 언제 타이완으로 돌아갈지 나도 모르겠어.
我也不知道他什么时候回台湾。
Wǒ yě bùzhīdào tā shénmeshíhou huí Táiwān

一共多少钱?
Yígòng　　　　duōshaoqián

_ 쇼핑할 때 쓰는 말

① 전부 얼마예요?
一共多少钱?
Yígòng duōshaoqián

② 너무 비싸요.
太贵了。
Tài guì le

③ 조금만 싸게 해 주세요.
便宜一点吧。
Piányi yìdiǎn ba

④ 얼마를 원하세요?
你要多少钱?
Nǐ yào duōshaoqián

⑤ 더 이상 싸게 할 수 없어요.
不能再便宜了。
Bùnéng zài piányi le

⑥ 다른 것이 더 필요하세요?
还要别的吗?
Hái yào biéde ma

⑦ 입어 봐도(시험해 봐도) 됩니까?
可以试试吗?
Kěyǐ shìshi ma

⑧ 지금 40% 세일하고 있어서 아주 저렴해요.
现在打六折, 很便宜。
Xiànzài dǎ liù zhé hěn piányi

⑨ 다른 색깔이 있습니까?
有没有别的颜色?
Yǒu méiyǒu biéde yánsè

⑩ 좋아요. 저는 이걸로 할게요.
好, 我要这个。
Hǎo wǒ yào zhège